창의적 문제해결

CREATIVE PROBLEM SOLVING

고수일

박영사

머리말 PREFACE

우리나라 대학의 수업은 대부분 교수자 중심으로 이루어진다. 교수자는 열심히 가르치고 학생들은 받아쓰기에 바쁘다. 수업시간에 질문을 하는 학생은 거의 없다. 시험은 그동안 받아쓴 '정답'들을 잘 기억하고 정리해 작성하면 좋은 점수를 받는다. 더 큰 문제는 이러한 방식이 충분히 예측 가능해서 객관적이라고 믿는 학생들이 제법 많다는 것이다. 일방적으로 가르치고 배우는 이러한 교육방식이 과연 이 시대에 학생들에게 요구되는 모델일까?

오늘날 학습자의 핵심역량으로 꼽히고 있는 것은 단연 창의성과 문제해결 능력이다. 지식의 소유가 아니라 지식을 문제해결이나 창의적 결과물에 적용할 수 있는 능력들이다. 이러한 역량들은 많은 지식을 습득하거나 가르침을 충실히 따른다고 얻어지지 않는다. 호기심과 자유의지를 가진 학습자의 자기주도적 역할이 기반이 되어야 하고, 교수자가 그러한 기회를 제공하고 촉진할 때 개발될 수 있는 역량이다.

창의융합적 역량을 개발하기 위한 가장 좋은 방법은 실제문제를 던져주는 것이라고 교육전문가들은 말한다. 실제문제가 주어지면 학습자들은 먼저 문제의 실체를 파악하고 문제를 해결하기 위한 정보를 수집한 후 이들을 분석하고, 이를 기초로 해결안을 마련해서 실행에 옮겨야 한다. 이처럼 실제문제를 해결하기 위해서는 다양한 지식과 역량이 요구되기 때문에 자연스럽게 창의융합적 역량이 개발될 수 있는 기회가 된다. 그리고 이 과정에서 학습자들은 팀원들과 협력하고 지혜를 모으는 등 팀 시너지를 낼 수 있도록 노력하면서 다양한 관점과 생각을 접하게 된다. 창의적 문제해결과정은 학습자들에게 바로 이러한 기회를 제공하기 위한 것이며, 이러한 목적에 도움을 주려는 것이 이 책의 목적이다.

이 책은 크게 두 부분으로 구성된다.

제1부는 학습자들이 창의적 문제해결을 위해 가져야 할 기본적인 시각과 접근방식에 대한 것이다.

1장에서는 창의융합의 시대에서 우리는 무엇을 준비해야 하는지 살펴볼 것이다.

2장은 문제해결과정에서 집단지성이 일어나기 위한 조건에 관한 것이다. 여기서 학습자들은 효과적인 팀워크가 발휘되기 위한 전략에 대해 학습할 것이다.

3장은 의사결정 과정에서 발생하는 오류들에 대한 것이다. 개인이 가지는 인지적 한계를 인식하고 이를 극복하기 위한 방법들을 제시하였다.

4장의 의사소통에서는 효과적인 팀 활동을 위해 의사소통에서 지향해야 하는 태도가 무엇인지 살펴볼 것이다.

5장은 질문에 관한 것이다. 창의적인 문제제기와 해결에 도움을 줄 수 있는 효과적인 질문기법들을 제시하였다.

제2부는 본격적으로 창의적 문제해결 프로세스를 단계별로 다루고 있다.

6장은 팀 프로젝트 수행에 도움을 줄 수 있는 유용한 기초 도구들을 소개하였다.

7장의 문제정의에서는 학습자들이 문제를 올바로 정의하기 위한 방법을 제시하였다.

8장에서는 정보를 수집하고 분류하는 기법들을 소개하였다.

9장은 아이디어 구상에 관한 것이다. 여기서 독자들은 창의적 아이디어 도출을 위한 다양한 기법들에 대해 배우게 될 것이다.

마지막 10장은 해결안 도출 및 검증이다. 특히 프로토타입을 통해 결과물의 타당성을 검증하는 효과적인 방법들을 제시하였다.

대부분의 학생들은 문제해결 프로세스에 매우 서툴다. 기법뿐만 아니라 접근방식에도 익숙하지 않다. 그동안 대부분의 수업이 지식 중심으로 이루어지고 시험도 정답 중심으로 이루어져 온 탓이다. 그러나 분명하게 말할 수 있다. 조금만 배우면 누구나 쉽게 습득할 수 있다! 문제해결을 위한 접근 태도와 방법론은 전문가들만의 고유 영역이 아니다. 이 책은 전공이 무엇이든 누구나 창의적 문제해결 방법론을 쉽게 익힐 수 있는 가이드 역할을 할 것이라 믿는다. 또한 수업시간에 실제문제를 해결하는 과정에서 매뉴얼처럼 활용할 수도 있을 것이다. 이 교재가 창의적 문제해결을 하려는 학생들과 가르치는 교수자 모두에게 유용한 도움이 되길 바란다.

끝으로, 흔치 않은 주제를 다룬 이 책의 출판을 허락해준 박영사와 교정에 정성을 쏟은 김지영 씨께 깊은 감사의 말씀을 드린다.

2021년 4월

고수일

(kobaksa@empas.com)

목차 CONTENTS

제 1 부

창의융합적 사고를 위한 기초

1장 창의융합의 시대를 보는 눈

4차 산업혁명시대라고 한다. 인공지능이 전문의사의 진단능력을 능가하고 있다. 말동무를 하는 로봇이 등장했고 신문기사도 로봇이 쓰는 시대가 되었다. 20년 후가 되면 지금 직업의 50%가 사라진다고 한다. 이런 시대에 우리는 무엇을 준비해야 하는 것일까?

미래의 모습*

구글은 2009년부터 무인자동차를 개발하여 도로 주행시험을 했다. 2011년에는 네바다주를 설득하여 무인자동차가 도로를 주행할 수 있도록 하는 법을 통과시켰으며, 2012년에는 자신이 개발한 무인자동차의 도로주행 면허를 획득하였다. 네바다에 이어 구글의 본사가 있는 캘리포니아에서도 무인자동차 운행을 허용하는 법이 통과되어 구글 직원 10여 명이 현재 구글 무인차로 출퇴근을 하고 있다. 무인자동차는 구글뿐만 아니라 전기자동차 회사인 테슬라를 비롯하여 일반 자동차 회사들도 적극적으로 개발하고 있어 머지않아 대중들도 소유하기 시작할 것으로 내다보고 있다. 그때가 되면 무인자동차가 일반 자동차와 별 차이가 없는 가격대를 형성할지도 모른다.

무인자동차가 대중화된다면, 우버는 운전사 없는 택시회사 영업을 하게 될 것이다. 그러면 우버 택시는 점점 저렴하면서도 고객친화적인 서비스를 제공할 것이다. 사람들이 우버 택시를 쉽게 이용할 수 있게 된다면 또 어떻게 될 것인가? 아마도 사람들은 지금처럼 차를 소유하지 않아도 될지 모른다. 차량을 소유한 사람들이 실제로 차를 쓰는 시간은 얼마나 될까? 미국 미시간주의 앤 아버

---

* 조영호, 장경원, 고수일. 창의적 리더십이 교육과 세상을 바꾼다. 학지사(2017)에서 일부 발췌.

(Ann Arbor)라는 시에서 조사를 했더니 불과 40~50분밖에 되지 않았다.[1] 필요할 때 저렴한 비용으로 쉽게 차를 이용할 수 있다면 몇 번 쓰지도 않는 비싼 차를 사서 주차장에 두고 놀릴 필요가 있겠는가? 그래서 앞으로 세계의 80%는 자동차를 사지 않게 되고, 주택가 주변에 주차장도 사라질 것이라는 전망도 있다.[2] 개인을 대상으로 한 자동차보험상품도 사라질 수밖에 없고 결국 자동차 연관 산업이 이래저래 변모되지 않을 수 없다.

무인자동차 등장을 가능하게 한 것은 인공지능 기술 덕분이다. 인공지능은 1997년에 이미 체스 세계챔피언을 이겼으며, 2016년 3월 한국에서 펼쳐진 이세돌 9단과의 바둑 경기에서도 4대 1로 승리한 바 있다.[3] 이제는 컴퓨터가 스스로 학습하는 기능을 갖추고 인간의 두뇌를 능가하고 있다. 미래학자들은 2050년경에는 인간과 거의 같은 로봇이 탄생할 것으로 보고 있다. 과거 자동화는 육체노동이나 단순 업무를 대신하는 것이었으나 초지능을 가진 미래의 로봇은 지식노동뿐만 아니라 감정노동까지 대체하게 될 것이다. 의사, 법률가, 세무사는 물론이고 간호사나 간병인까지도 대신하게 되는 것이다. 신문기사도 로봇이 쓰고 은행업무도 온라인과 인공지능이 하게 될 것이다.

이러한 초지능 사회를 어떤 이들은 제4차 산업혁명이라고 부르기도 한다. 제1차 산업혁명은 증기기관과 면사 방적기에 의한 혁명이고, 제2차 산업혁명은 전기발명과 조립공장에 의한 것이고, 제3차 산업혁명은 반도체와 컴퓨터에 의한 것이며, 제4차 산업혁명은 사물인터넷, 모바일, 인공지능 등 디지털 혁명에 의한 것이다.[4]

제4차 산업혁명이 오면, 당연히 경제와 직업세계도 달라질 수밖에 없다. 그래서 '파괴적 혁신'이라고 하는 것이다. 2025년이 되면 현재는 존재하지 않은 직종이 출현하여 상위 10개 직종을 차지하게 될 것이고, 이들 직종에서는 아직 개발되지도 않은 기술을 다루게 될 것이다.[5] 영국 옥스퍼드 대학의 칼 베네딕트 프레이(Carl Benedikt Frey) 박사와 마이클 오스본(Michael A. Osborne) 박사는 2040년대가 되면 현재 미국 직업의 50%가 사라질 것으로 내다보았다. 그 정도면 직업이 바뀌는 것이 문제가 아니라, 아예 사라지는 수준이다. 또한 2050년경이 되면 전 세계 실업률이 24%에 이를 것이라는 예측도 있다.[6] 이쯤 되면, 직업의 의미, 노동의 의미에서 더 나아가 삶의 의미가 달라질 수밖에 없다.

그래서 우리가 답을 찾아야 하는 것은 단지 기술진보에 어떻게 대응해야 할 것인가를 넘어서는 것이다. 바로 다음 질문에 우리는 답을 해야만 한다. "일자리가 사라지고 실업률 20%에 이르는 사회에서 우리 학생들은 어떻게 살아야 할 것인가?" 그것도 100세 시대를 살아가는 상황에서 말이다.

답이 없는 것이 4차 산업혁명의 진짜 특징인지도 모른다. 앞으로의 시대는 답이 없는 시대다. 앞으로는 표준이 없고, 정규와 비정규도 구분이 없어지는 시대가 되는 것이다. 뒤집어 이야기하면 모든 것이 답이 되는 시대이고, 선택지가 무궁무진해지는 시대인 것이다. 그래서 만들어나가는 능력, 스스로 배워나가는 능력, 창조해가는 능력이 필요한 사회인 것이다. 무정형의 시대이자 혼란의 시대이고 불확실성의 시대이지만, 그것은 바로 창조와 개척의 시대를 의미하기도 한다. 이제 우리 학생들은 그런 시대를 살아갈 능력을 길러야 한다.

창의성의 시대

미래 사회를 살아가는 핵심 역량은 한마디로 창의성이라고 강조되고 있다. 창의성이란 새롭고 유용한 산물을 산출하는 인간의 능력이다. 인류의 역사는 도구를 사용하면서부터 창의성을 통해 지금까지 발전해 왔다고 할 수 있다.

2005년 Business Week는 미국조직의 초점이 지식경제에서 창의경제로 이동하고 있다고 보고하였다. 창의경제란 경쟁의 초점이 주로 창의성, 상상력, 혁신에 있다는 조직의 패러다임 변화를 의미한다. 기존의 가정을 깨고 조직의 현 상태에서 벗어나 새롭게 변화해야 할 필요성이 높아졌다는 의미다. IBM이 60여 개국의 리더들을 대상으로 실시한 조사에서도 다가올 시대에 리더에게 요구되는 역량 가운데 가장 많이 지적된 것이 창의성이었다. 산업을 불문하고 기업들은 물론 공공기관과 여타 다른 조직들도 창의적인 인재를 선발하거나 직원들의 창의성을 높이기 위해 많은 노력을 기울이고 있다.

이처럼 창의성이 강조되는 이유 가운데 하나는 업무 성격의 변화이다. [그림 1-1]에 제시된 것처럼 과거부터 이어져 온 일상적인 업무들은 컴퓨터로 대

[그림 1-1] 1960년~2002년 미국의 직업에서 일상적 및 비일상적 업무 투입의 비중

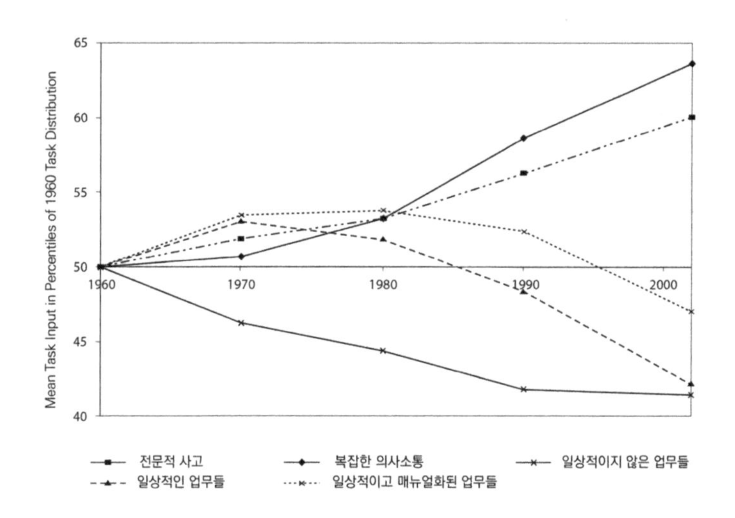

체되어 감소하였고, 전문적 사고와 복잡한 의사소통을 요구하는 업무는 점차 증가하고 있다. 이는 향후 창의적인 업무가 경제와 사회를 주도하는 비중이 더욱 높아질 것임을 시사한다.

최근 강조되는 융합의 개념에서도 창의성이 강조되는 이유를 찾을 수 있다. 융합은 무엇인가를 만들어 내거나 당면한 문제를 해결하기 위해 서로 다른 것을 결합하는 것이다. 이는 단순히 기존과는 다른, 새롭고 독창적인 아이디어나 물품을 발명해내는 걸 넘어서, 서로 다른 두 분야에 대한 깊은 이해를 통해서 남들이 보지 못하는 연결 고리를 발견하고 새로운 분야를 창출하는 것이다. 이 과정에서 요구되는 역량이 바로 창의성이다.

세계 IT 시장은 2000년을 기점으로 한 자릿수 성장률에 진입하면서 IT자체의 성장이 둔화되고 있지만, IT융합 신시장은 연평균 11.8%로 지속 확대되는 추세이다. 정부에서도 IT융합 확산을 위한 다양한 정책 수립을 통해, 기존 주력 산업의 침체에 대응할 융합 신산업 육성에 많은 노력을 기울이고 있다. 과거 IT는 TV, 휴대폰, PC, SW, 콘텐츠 등으로 비교적 산업 간 경계가 명확했지만 스마트폰, 스마트TV 등으로 융합되며 IT산업 간의 경계가 사라지고 있다. IT산업은 2000년대까지 자체 산업 기반 내에서 성장했으나 이후 융합이 가속화되면서 타산업과의 상호작용을 통해 영역이 확대되고 있다. IT산업과 자동차, 조선, 의료, 교육, 에너지, 농식품 등 타산업 간 융합도 확산되고 있는 상황이며, 이 과정에서 IT기술의 발전이 가져온 혁신적인 변화는 여러 산업의 본질을 변화시키고 있다.

‘아이폰 혁명’에서도 볼 수 있듯이, 세분화된 지식이나 기술보다는 융합과 창의성을 통해 새로운 가치를 창출하는 제품이 세계를 이끌어가고 있다. 2010년 아이패드를 세상에 소개한 스티브잡스는 이렇게 말한다.

"애플은 인문학과 기술의 교차로에 존재해 왔습니다. 우리가 아이패드를 만든 것은 애플이 항상 기술과 인문학의 갈림길에서 고민해왔기 때문입니다."

새롭고 혁신적인 아이디어를 구현하는 과정에서 지식과 기술 간의 경계도 점차 모호해지고, 학문분야에서도 융합이 가속화되고 있다. 특히 환경문제나 복잡다기한 사회적 문제 등 우리가 살아가면서 부딪히는 대부분의 어려운 문제들은 분야별 개별지식만으로는 해결하는 데 한계가 있다. 융합적 지식과 기술을 가지는 동시에 창의성이 요구되는 것이다.

창의적 인재의 특징

미래의 인재는 속되게 표현하면, 사고를 막고 피하는 인재가 아니라 '사고를 치는' 인재다. 변화와 불확실성 그리고 글로벌화는 이러한 인재에게는 기회가 되지만 그렇지 않은 사람에게는 불안의 대상이고 위기일 수밖에 없다. 사고도 한번 치고 끝나는 것이 아니라 지속적으로 쳐야 한다. 그야말로 한 번의 창의가 아니라 창의를 계속 발휘하는 창의적 '역량'이 필요한 것이다. 제4차 산업혁명론을 주창하고 있는 클라우스 슈밥도 미래에 필요한 인재를 다음과 같이 이야기하고 있다.

제4차 산업혁명이 의미하는 '고직능'이 무엇인지 다시 한 번 생각해 봐야 한다. 기술인력이란 전통적으로 고급 전문교육과 전문직업 또는 전문

분야에서 활약할 수 있는 능력을 갖춘 인력을 뜻한다. 그러나 제4차 산업혁명에서는 기술혁신의 빠른 진보 때문에 노동자가 지속적으로 적응해 나가며 새로운 능력을 배우고 다양한 문맥 안에서 접근할 수 있는 능력을 구축하는 것이 더욱 중요하다.[7)]

창의적 인재의 특성에 관한 연구에 의하면 창의인재의 요건을 다음 네 가지로 든다.[8)]

첫째, 새로운 아이디어를 생성해 내며, 관습에 얽매이지 않고 사고하고, 분명한 것 이상을 보며, 세계를 상이한 방식으로 봄으로써 그것을 보다 더 잘 탐색하고 이해하는 등의 상상력을 지니고 있다.

둘째, 새로운 것을 만들어 내거나 다른 누군가가 제작한 것을 개조하며, 어느 누구도 이전에 하지 않았던 것을 행하고, 이전에 행해져 왔던 것을 다르게 행함으로써 독창적이다.

셋째, 종종 미지의 것을 찾고 발견, 탐색, 실험하며 위험을 감수한다.

넷째, 자료, 상황, 아이디어, 맥락을 처리하고 분석하며 그 결과로서 세계를 다르게 볼 수 있는 비판적 사고와 통합 능력을 가지고 있으며, 때때로 이야기를 통해 다른 사람이 자신이 만든 세계를 혹은 자신이 다른 사람의 세계를 볼 수 있도록 해주는 의사소통능력을 지니고 있다.

창의성은 별개의 고유특성이라기보다는 관점을 전환하는 지혜에 해당한다. 사람은 사물을 지각하고 판단할 때 생각의 기본 틀인 프레임(frame)을 가지고 있다. 이는 곧 고정관념을 만드는 구실을 한다. 건설업을 하던 현대그룹이 조선업을 하게 될 때, 많은 사람이 건설은 건설이고, 조선은 조선이라고 생각했다. 뭍에서 하는 일, 바다에서 하는 일, 서로 전혀 다른 것이었다. 그러나 정주영 회장은 그렇게 생각하지 않았다. 배는 다름 아닌 바다에서 움직이는 집이라고 생각했다. 그래서 조선업과 건설업은 근본적으로 같은 것이라고 생각했다. 관점을 전환하는 창의적 발상이다.

창의성은 천재들만 발휘하는 것이 아니다. 창의성을 개발하기 위해서 지식의 단순 암기에 초점을 맞추기보다는 늘 의문을 던져보고 거꾸로 생각해보는 등 고정관념에서 벗어나 발상의 전환을 즐겨야 한다. 그리고 일을 처리할 때 이러한 창의적 발상 노력을 하느냐의 여부는 도전정신과 내재적 동기에 달려있다. 창의성을 가지고 있어도 그것을 실행에 옮기려는 의지가 없다면 창의성이 발휘되지 않을 것이다. 아마빌레(Teresa Amabile, 2010)[9]에 의하면, 창의성은 전문성과 창의적인 사고능력, 내재적 동기 등 세 가지 요인이 동반될 때 가능하다. 창의성이 발휘되기 위해서는 창의적 결과물을 위해 필요한 지식과 창의적 사고능력 외에도 창의성을 발휘하려는 내재적 동기도 중요하다는 것이다.

전진의 법칙

며칠간 어떤 일에 매달리다가 드디어 마무리가 눈앞에 있는데, 그 일을 지시한 사람이 와서 이렇게 말한다. "이거 안 해도 되지 않나?" 이런 경우를 당하면 그 사람을 향해 뭐라도 집어던지고 싶은 심정일 것이다. 많은 사람들이 비슷한 경험이 있을 것이다. 예전에 어떤 정책과제를 하다가 일이 한창 진행된 상태에서 담당자가 뜬금없이 "이 주제가 정말 맞는 것인지 다시 생각해볼 필요가 있는 것 같아요"라고 말한 적이 있다. 이런 말 들으면 누구든 당장 그만두고 싶지 않을까?

아마빌레(T. Amabile)는 이런 이야기에 딱 맞는 연구를 소개하였다. 그는 직장인들의 창의성에 영향을 미치는 요인이 무엇인지 알아내기 위해 일기형식의 설문지를 통해 연구를 진행하였다. 그가 수집한 1만 2,000건의 일기에는 통계수치로는 얻을 수 없는 생생한 이야기가 담겨있었다. 분석 결과는 매우 흥미로웠다. 창의성을 유발하는 긍정적 내면상태를 가능하게 하는 것은 바로 '전진'이었다. 자신이 중요하게 생각하는 일에서 진정한 전진을 이루어내면 일에 흥미와 재미를 느껴 일을 창의적으로 처리할 가능성이 커진다는 것이다. 이는 구성원이 업무에서 진정한 성취감을 느끼면 창의성이 요구되는 새롭고 어려운 업무를 받아들일 가능성이 커진다는 뜻이다. 의미 있는 전진을 이루어내고 나면 어려운 문제에 도전해 창의적인 해결책을 찾아내려는 경향이 높아진다는 것이다. 아마빌레를 이것을 '전진의 법칙(Progress Principle)'이라고 불렀다.[10)]

그렇다면 전진을 이루어냈는지를 어떻게 알 수 있을까? 리더나 동료의 피드백을 통해 느낄 수도 있고, 일을 하면서 스스로 그 결과를 알 수도 있을 것이다. 예컨대, 아이디어에 대해 구체적으로 긍정적인 피드백을 줘도 좋지만, 단순히 칭찬만 해줘도 사람들은 일이 전진을 하고 있다는 느낌을 받을 수 있다.

반대로 창의성에 가장 해로운 느낌은 좌절이다. 아무리 노력해도 어려운 일들은 좌절의 원인이 되지만 간혹 사람들을 좌절시키는 데 아주 능숙한 리더들이 있다. 이들은 의욕적으로 뭔가를 시도하려는 직원에게 그 일의 어려운 이유나 문제점에만 초점을 맞춰서 시작부터 좌절시킨다. 또, 잘되고 있는 부분은 언급을 안 한 채, 잘 진행되지 못하고 있는 점에 대해서만 말을 하거나, 아직 일어나지도 않은 문제를 확대해석하기도 한다. 창의적 결과물을 원한다면 잊지 말아야 할 것이 바로 '촉진자' 마인드다. 모두 팀원들이 과제를 수행하면서 지금까지 '전진'한 부분, 긍정적인 결과에 주목하여 어려움을 극복할 수 있는 에너지를 불어 넣어주는 것이다.

창의성 문화

이런 유머를 들어봤을 것이다. 신이 힘들게 살고 있는 한국인을 어여삐 여겨 세계적 천재인 뉴턴, 아인슈타인, 에디슨 세 사람을 한국인으로 태어나게 했다. 이들은 과연 한국을 구했을까? 뉴턴은 강남에서 잘 나가는 수능 족집게 강사가 됐고, 수학과 물리밖에는 몰랐던 아인슈타인은 내신이 나빠 대학 진학에 실패하고, 에디슨은 수많은 발명품을 만들어 냈으나 규제와 급행료 등에 좌절하고 보따리 장사로 전락했다고 한다.

이렇듯 창의적 역량의 발휘는 사회문화적 환경의 산물이기도 하다. 창의적 천재를 보내달라고 기도하기 전에 우리의 사회문화 환경을 돌아봐야 한다는 것이다. 창의적인 사람을 키우기 위해서는 그 사람이 처한 환경의 조건을 창의적으로 바꾸고 창의성을 유발할 수 있는 문화를 만드는 것이 중요하다. 특정시기, 특정장소의 문화는 창의적 인재를 배양하는 인큐베이터의 역할을 한다. 실제로, 구글, 페이스북 등 창의성으로 세계를 주도하는 해외 기업들은 직원들의 창의성을 개발하기 위한 교육 프로그램보다는 창의성을 발휘할 수 있는 근무환경을 만드는 데 노력을 기울이고 있다. 업무의 20%는 창의적 업무에 할애하는 구글의 '20% 프로젝트', '(문제에) 깊게 빠져들기'라는 모토 하에 창의적인 아이디어를 장려하는 세계적인 제품 디자인 회사인 IDEO, 직원 사이의 위계질서를 보여주는 책상배치도 없고, 청바지와 티셔츠 차림의 자유로운 사무실 분위기의 페이스북 등은 직원들의 창의성을 위한 기업의 노력을 보여주는 대표적인 예이다.

이런 사례는 어떤가? 몇 년 전 어떤 회사 경영회의에서 넥타이 절단 사건이 발생했다. 창의적인 조직문화 조성을 위해 넥타이 없는 자율복장을 실시한지 두 달이 지났음에도 회의에 두 명의 임원이 넥타이를 매고 참석하자 300여 명의 임직원들이 모인 가운데 사장은 그 두 명을 앞으로 부른 뒤 비서에게 가위를 가져오라고 해 그 자리에서 넥타이를 두 동강 내버렸다. 사장은 "이 회사가 거대기업이고 임직원이 워낙 많다보니 조직문화를 단번에 바꾸기가 어렵고 여전히 아랫사람들은 윗사람들 눈치만 보는 풍조가 만연하다"며 "충격적이었던 탓인지 넥타이 절단 사건 이후 넥타이를 매는 사람이 완전히 없어졌다"고 만족스러운 듯 말했다. 이 사장은 넥타이를 창의성을 죽이는 주범으로 본 듯하다. 과연 이런 환경에서 창의성이 키워질지 의문이다.

우리 조직이 보다 창의적이길 원하는가? 그렇다면 다음과 같은 질문에 대해 생각해보자.

- 팀원들의 자유로운 발상과 의견이 존중받고 있는가?
- 팀원들이 전진의 느낌을 받도록 지지를 하면서 피드백을 주고 있는가?
- 우리의 (겉모습이 아닌) 문화 환경이 창의성을 촉진하는가?

창의융합의 시대는 이러한 질문들을 우리에게 던지고 있다.

실습합시다

1. 당신은 얼마나 창의적인가? 여기 창의성 문제를 하나 풀어보자. 1930년대에 심리학자 칼 던커(Karl Duncker)가 양초문제를 실험에 사용했다. 실험자가 압정이 들어있는 상자와 양초, 성냥갑을 준다. 피실험자는 촛농이 탁자에 떨어지지 않게끔 양초를 벽에 고정시켜야 한다. 이 문제를 어떻게 해결하면 좋을까?

2. 우리 팀원들의 창의성을 촉진하기 위해 팀원들이 할 수 있는 일과 개인이 시도할 수 있는 효과적인 방법에 대해 생각해보자.

2장 집단지성을 위한 협력

진화생물학에서는 인간을 협력하는 종이라고 본다. 인간은 사자보다 약하고 치타처럼 빠르지도 않으며 새처럼 날 수도 없다. 다수의 사람들이 힘을 합쳐 험난한 환경 속에서 살아남을 수 있었고 힘센 동물들을 사냥할 수 있었다. 그러나 사람들이 모인다고 협력이 늘 가능한 것은 아니다. 창의적 문제해결이 여러 사람의 집단지성과 협력으로 성과를 이루기 위해서는 효과적인 전략이 필요하다.

인간은 협력하는 종

영화 '리멤버 타이탄'은 서로 다른 사람들이 하나의 팀이 되어가는 과정을 감동 있게 그린 영화로서 실화를 바탕으로 만들었다. 1971년 버지니아주에서 인종차별을 없애고자 백인고등학교와 흑인고등학교를 하나로 합친다. 풋볼팀 타이탄스도 흑인과 백인이 섞여 한 팀을 이루게 되고, 흑인인 '분'이 헤드코치로 임명된다. 이들의 첫 만남은 경계심과 삭막함, 싸움, 절대 섞일 수 없을 것 같은 분위기! 선수들이 같은 인종끼리 뭉쳐 치열한 갈등을 겪게 되는 것은 당연해 보인다. 그러나 점차 '분' 감독의 강력한 통솔력 아래 선수들은 책임감과 동료애로 서서히 뭉치는 '하나의 팀'이 된다. 백인 또는 흑인팀으로 이루어진 다른 팀들과 달리 흑인과 백인으로 섞인 이 팀은 다른 팀이 가지지 못한 이질적 강점들이 강한 시너지를 가지면서 각종 시합에서 연전연승을 기록하면서 깊은 감동을 준다. 이처럼 팀이나 집단의 협력적 노력으로 인한 놀라운 업적은 영화의 단골 소재이기도 하다.

인류의 진화과정을 보면 확실히 인간에게는 협력 DNA가 있는 듯하다. 협력은 초기 인류가 처한 환경적인 재앙이나 다른 집단과의 분쟁에서 살아남기 위한 방안이었다. 인간의 경우 야생동물과는 달리 자연에서 홀로 생존할 수 있는 신체적 조건을 갖추지 못했다. 다른 인간들과 힘을 모아 연합하지 않으면 생존하기 어려웠다. 그러다보니 인간은 자연스럽게 다른 사람들과의 협동과 공존을 통해 생존능력을 극대화하는 방식을 진화의 수단으로 선택하였다. 인간에게 협력은 곧 생존의 조건이었던 것이다. '협력의 진화'11)라는 말처럼 서로 상호작용하는 사회에서는 협력하는 집단이 배반하는 집단에 비해 생존할 가능성이 훨씬 크고, 진화의 투쟁에서 결국 승리해왔다.

그런데 학교에서만큼은 협력이 요구되는 학습팀은 그리 인기가 없다. 학기초 학생들에게 과제를 혼자 하는 것이 좋은지 팀으로 함께 하는 게 좋은지 선택하라고 물어보면 단 한명의 예외도 없이 대답은 같았다. 혼자하고 싶다는 것이다. 함께 하면 서로 도움이 될 텐데 왜 그들은 외롭게 혼자 하는 것을 선호할까? 간혹 이런 질문도 받는다. "왜 과제를 팀으로 해야 하는 거죠? 혼자 하는 것이 더 효율적인데..." 이런! 협력의 힘을 모르다니...

다양한 지식과 관점의 융합이 요구되는 창의적 팀 과제를 위해서 팀 구성원들의 협력은 필수적이다. 모든 사람이 각자 이질적으로 가지고 있는 다양한 지식, 생각, 관점들이 '따로 국밥'식이 되어서는 융합적 산물이 탄생할 수 없기 때문이다.

협력의 힘

우생학의 창시자인 영국의 프랜시스 골턴(Francis Galton)이 한 도축장에서

'황소 무게 알아맞히기 대회'를 관찰하게 된다. 전시된 소를 도축해 손질했을 때 고기 무게가 얼마나 나가겠는가를 알아맞히는 대회였는데 참가한 800명의 평균값을 계산하니 실제 무게와 겨우 1파운드(450g) 차이에 불과했다! 놀라운 집단지성의 결과이다. 이후 사탕통 안에 든 사탕 개수 맞추기 등 비슷한 시도가 많이 이루어졌지만 결과는 비슷했다. 예컨대, 런던의 건축가 맷 디컨(Matt Deacon)은 1페니짜리 동전 421개가 든 유리병을 건축가 회의에 가져가서 106명의 참가자들에게 몇 개인지 추측해보라고 했다. 예상 숫자는 넓게 분포했지만 개개인이 낸 추정치의 평균값은 419개였다![12] (독자들도 한 번 해보시라.)

집단지성은 협력의 산물이다. 집단지성이란 여러 명의 협력을 통해 얻게 되는 결과나 지적인 능력을 말한다. 이 개념은 1910년 미국 곤충학자 휠러(William Morton Wheeler)가 쓴 <개미: 그들의 구조·발달·행동>(Ants : Their Structure, Development, and Behavior)이라는 책에서 처음 쓰였다. 개미 한 마리는 힘이 미약하지만, 공동체로서 협업하여 커다란 개미집을 만들어내는 것을 보고 여럿이 모였을 때 더 높은 지능체계를 형성한다고 설명했다.

이처럼 사람도 개인의 지능이나 힘으로 할 수 있는 일은 제한되어 있지만, 여러 사람이 모이면 훨씬 더 큰 시너지 효과를 낼 수 있다. 혼자서 판단하거나 문제를 해결하기에는 정보부족, 능력부족이라는 문제에 부딪치는 경우가 흔히 있다. 이때 협력은 다양한 관점과 기술, 정보, 자원 등을 제공한다. 다른 사람들과의 성공적인 협력은 혼자서만 작업하는 것보다 훨씬 뛰어난 아이디어나 해결안을 도출해낸다. 50년간 발표된 논문 179만 편을 분석한 연구에 의하면, 저명한 학술지에는 공동 연구 논문이 대부분이었다. 팀으로 된 연구자들이 새로운 이론을 발표할 확률이 단독 연구자보다 37.7퍼센트 이상 높다고 한다.[13] 팀이 개인보다 더 위대한 아이디어를 내놓을 가능성이 높은 것이다.

이러한 집단의 효과는 특히 팀의 구성원들이 다양할 때 더 두드러진다. 각자가 가지고 있는 다양한 지식과 생각, 관점들이 모이면 전문가 수준을 뛰어넘는 수준의 결과물이나 아이디어가 나올 수 있다. 일이 점점 다양해지고 복잡해지는 요즘 환경에 대응하기 위해서는 다양한 기술과 관점, 전문성이 필요하다. 혼자의 힘으로 처리하기보다는 다른 사람들과 상호작용하면서 문제를 분석하고 해결책을 모색해야 하는 경우가 많아졌다. 특히 창의 융합이 요구되는 일이라면 다른 사람들의 협력과 도움이 절대적이다.

협력의 또 다른 숨겨진 장점은 집단 구성원들을 동기유발 시킨다는 데 있다. 협력이 잘 되는 팀 분위기에서는 팀원 모두가 팀의 목표에 자극을 받는다. 예전에 어떤 학생들이 팀 과제를 하는데 분위기가 상당히 어색한 점이 눈에 띄었다. 며칠 지난 후에 그중 한 학생이 내게 오더니 이제라도 팀에서 탈퇴하여 혼자하면 안되겠냐고 물어본 일이 있다. 팀 분위기가 너무 가라앉아 수업마저 의욕을 잃게 된다는 게 이유였다. 그래서 요즘은 팀을 편성한 후 먼저 팀워크를 다지기 위한 팀 빌딩(Team Building)을 하도록 한다. 즉, 1주일 내로 서로 친해지기 위한 활동을 하게 한 것이다. 이 과정을 거치면 팀원들의 분위기가 확실히 좋아진다. 일단 우호적인 분위기가 만들어지면 팀원 간의 상호교류가 활발해지고 협력적인 커뮤니케이션이 이루어진다. 팀원들이 서로를 도와가며 팀의 수행력도 향상된다. 팀 분위기만 잘 만들어지면 혼자 일을 하는 것보다 훨씬 좋은 분위기 속에서 높은 생산성을 기대할 수 있는 것이다.

효과적인 집단협력 방법

다양한 사람들의 협력 작업을 팀워크라고 한다. 팀워크의 잠재력은 전체가 그 부분들의 총합보다 더 클 수 있다는 사실에 있다. 집단의 시너지 효과, 상충하는 아이디어들에서 나오는 창의성, 상호 간의 동기부여 효과 등이 집단의 협력에서 기대할 수 있는 장점들이다.

그러나 실제로 보면 팀의 효과가 언제나 그런 식으로 발휘되지는 않는다. 어떤 경우엔 함께 일하는 것이 오히려 동기부여와 성과를 떨어뜨리기도 한다. 갈등의 원인이 되어 불필요하게 시간과 에너지를 낭비하기도 한다. 이럴 땐 과제를 혼자서 하고 싶어하는 학생들의 심정이 이해되기도 한다.

사람들이 같은 공간에 단순히 모이는 것만으로는 협력이 발생하지 않는다. 협력하는 방법을 모르면 다른 사람들과의 협력이 쉽지 않으며, 오히려 혼자 일을 처리하는 것보다 더 비효율적일 수 있다. 팀 구성원 모두가 최선을 다하도록 촉진하기 위한 나름대로의 전략이 필요하다. 효과적인 집단협력 전략으로는 다음과 같은 것을 들 수 있다.

① 팀 목표 및 임무를 명확히 한다.

팀의 목표는 팀에게 방향을 제시하고 동기를 일으킨다. 명확하게 정의된 목표는 팀원들의 노력 증진과 집단에 대한 공헌으로 이어질 수 있다. 팀이 구성되면 가장 먼저 확인해야 할 것은 "어떤 일을 수행해야 하는가?"이다. 이를 바탕으로 팀의 목표를 명확히 세우고 목표달성을 위한 세부항목을 만든다. 이 과정은 합의를 통해 이뤄지는 것이 바람직하다. 팀 목표에 대한 모두의 동의가 있고 각자가 집단에 기여하면 집단이 성공할 수 있다고 기대될 때 헌신을 끌어낼 수 있다.

② 가치 있는 과제를 주고 선택권을 준다.

팀 구성원들의 무임승차나 사회적 태만*은 집단 과제가 중요하지 않거나 누구나 쉽게 달성할 수 있을 정도로 단순한 경우에 나타나기 쉽다. 집단이 수행하는 과제가 중요한 것일 경우, 집단 구성원의 수행이 저조할 것으로 보일 때 오히려 더 많이 노력하는 경우도 있다. 어떤 구성원이 수행한 부분이 부족하다고 생각하는 만큼 다른 구성원이 더 노력을 기울이는 것이다.

따라서 팀의 목표와 과제는 중요하고 집단의 모든 구성원에게 의미 있는 것이어야 한다. 집단의 성공이 개인에게 가치 있는 일이라면 그들은 최선을 다할 것이다. 이를 위해서는 집단 구성원들이 원하는 과업에 대한 선택권을 주는 것이 좋다. 이것은 과업에 대한 주인의식을 심어주고 내재적 동기를 촉진할 것이다.

③ 팀 분위기를 조성한다.

팀 구성원들이 과제를 수행하기 위한 적절한 조건에는 도구나 장소, 자금과 같은 물리적 자원뿐만 아니라 팀원들의 노력을 촉진하는 분위기를 조성하는 것이 중요하다. 팀 빌딩을 통해 우호적인 협력 분위기와 감성적인 유대관계를 형성해야 한다. 일체감이 형성되면 팀원들은 팀의 목표에 헌신하고 다른 팀원들에 대한 협력 의지가 생겨난다. 그들만의 적절한 팀 규범을 만드는 것도 협력적이고 생산적인 분위기를 조성하고 문제가 발생하는 것을 예방하기 위한 좋은

---

* 사회적 태만이란 혼자 일할 때보다 여럿이 같이 일할 때 노력을 덜 들이는 사람들의 성향을 일컫는다.

방법이다.

집단협력이 성공을 거두려면 팀원들이 자신의 작업에 대해서만이 아니라 다른 팀원들의 작업에 대해서도 책임을 느낄 수 있어야만 한다. 모든 팀원이 집단에 대한 자신들의 기여가 없어서는 안 되는 매우 소중한 것이라고 믿도록 만들어 구성원들이 집단의 과업에 많은 노력을 쏟을 수 있도록 분위기를 만들어야 한다.

④ 팀 구성원의 역할을 명확히 한다.

역할은 팀 내에서 개인이 차지하는 지위를 통해 각 개인에게 할당된다. 팀 구성원들은 각자 자신의 역할과 책임을 수행함으로써 다른 팀원들과 상호작용을 한다. 역할에 기대되는 행동이 불명확하거나 모호하면 자신의 역할에 대해 동기가 유발되기 어렵고 다른 팀원들과 갈등이 일어날 수 있다. 학생들이 팀 과제를 할 때 발생하는 갈등도 명확하지 않은 역할분배에서 오는 경우가 많다.

구성원들의 역할이 명확해지면 역할들에 대한 효과적인 조율, 즉 팀워크가 필요하다. 화려한 스타플레이어들로 구성된 팀이라도 팀워크가 부족하면 경기에서 패하는 경우가 많다. 반면, 특별히 뛰어난 선수가 없어도 팀을 잘 조율함으로써 예상하지 못했던 좋은 성과가 나오기도 한다. 역할 간의 균형과 조화가 훌륭한 팀워크와 협업을 만드는 것이다.

⑤ 보상을 제공한다.

우수한 집단수행결과에 대해서 보상을 제공하면 사회적 태만이 감소할 수 있다. 공산주의 시절 헝가리에서 사유경작지는 전체 농지면적의 13%에 불과했으나 생산량은 전체의 3분의 1을 차지하였다. 중국정부가 농부들에게 국가에 바치고 남은 곡식을 판매할 수 있도록 허용하자 생산량이 8% 증가하여 과거 26년간의 평균증가율보다 2.5배나 더 높았다. 이처럼 노력과 보상이 연계될 때 사람들의 태만경향은 줄어든다.

그런데 이 경우에도 개인의 노력은 팀의 집단적인 노력에 묻혀버릴 수 있다. 개인의 공헌도가 분명히 드러나지 않는 상황이나 과업의 결과에 대한 책임감이 분명하지 않은 경우 당연히 사람들은 노력을 줄이게 된다. 게다가 자신의 노력이 집단의 수행 결과에 그리 큰 영향을 미치지 않는다고 느끼면 더욱 태만하게 될 것이다.

그러므로 집단이 추구하는 목표를 분명하게 설정한 후, 구성원 개인별 목표 기여도를 평가하는 것이 무임승차를 방지하는 데 효과적이다. 누군 열심히 하고 누군 무임승차했는데 점수를 똑같이 주면 불만이 생길 수밖에 없다. 개인 기준의 보상과 팀 기준의 보상 사이에 균형을 잘 맞추는 것이 팀에 대한 공헌도를 높이고 개인의 수행도를 높이는 데 중요하다.

팀 기여도를 높이기 위한 개인전략

협력이 필요한 시대인 만큼 협력을 잘하는 것도 중요한 개인역량이다. 개인적으로 훌륭한 역량을 가졌지만 다른 사람들과 협력을 제대로 못한다면 조직생활하기 어렵다. 그러나 협력의 중요성을 나열해도 학생들에게 팀 과제는 별로 동기부여가 되지 않는 듯하다. 다수라는 익명성 뒤에 숨은 집단 구성원 개개인이 "나 하나쯤이야"라는 생각으로 자기 역량 발휘에 충실하지 않는 경우도 많기 때문이다.

그런데 집단협력은 집단의 성과 측면뿐만 아니라 개인에게도 좋은 기회가 될 수 있다. 혼자서 더 잘 할 수 있을 것 같지만 천만의 말씀이다. 결과물을 떠나 다양한 지식과 관점, 생각을 접하는 것부터가 좋은 학습기회다. 팀 동료들과의 작업을 통해 상호 학습의 기회도 되며 개인으로서 성취하기 어려운 성과를 거둘 수도 있다.

그렇다면, 팀에 기여도를 높이며 집단협력을 좋은 기회로 활용하기 위해서는 어떻게 하면 좋을까? 다음과 같은 몇 가지 전략이 도움이 될 수 있다.

① 어떻게 기여할지 생각한다.

다른 팀원들이 어떻게 팀워크에 기여하게 할지를 생각하기 전에 자신이 팀에 얼마나 기여할지에 대해 생각해본다. 자신의 참여율, 새로운 아이디어 제시 빈도, 다른 팀원들에 대한 도움, 팀 활동에서의 실질적인 기여 정도 등을 생각해본다. 팀에 긍정적으로 기여하는 부분이 무엇인지, 더 많이 기여할 수 있는 부분이 무엇인지 분석한다.

② 어떻게 다른 팀원들을 도와줄지 생각한다.

생산적인 팀이 되기 위해서는 소속감을 느끼고 자발적으로 참여하며 자신의 역할 외에도 추가의 노력을 하려는 태도가 중요하다. 다른 팀원들의 의견을 경청하고 개성을 존중해주면서 팀 동료들에 대한 관심과 지원을 행동으로 보여주어야 한다.

③ 소속 팀의 능력에 확신을 가져라.

팀이 성공을 거둘 것이라는 확신은 성과 전반에 큰 영향을 미치며, 개인의 동기부여에도 영향을 미친다. 팀에 대한 확신이 없는 경우, 왜 그러한 생각을 하는지, 확신을 높이기 위해서는 어떻게 할 수 있는지 생각해본다. 팀 회의에서 논의하면서 팀원들의 잠재력과 성공경험에 대해 공유하는 것도 좋은 방법이다.

④ 기여했을 때 생기는 이익에 초점을 맞춘다.

기여를 높이기 위한 동기부여를 하려면, "내가 얻을 수 있는 것에는 무엇이 있는가?"를 생각해야 한다. 개인적으로 얻을 수 있는 보상은 다양하게 생각할 수 있다. 자신의 재능을 살렸다는 점을 알 수 있고 팀원들로부터 인정을 받으며 새로운 것을 배울 수도 있다. 또한 과제를 통한 경험이 자신의 역량 향상에도 도움이 될 것이다. 이처럼 팀을 위해 기여할 경우 개인적으로 돌아오는 보상에 초점을 맞추면 팀에 더욱 열정을 가지게 될 것이다.

실습합시다

팀의 상태를 목적, 역할과 책임, 절차, 상호관계(GRPI : Goals, Roles & Responsibilities, Procedures, Interpersonal)로 구분하여 점검한 후, 가장 취약한 부분에 대하여 팀의 성과를 향상시키기 위한 개선방향을 제시해보자.

GRPI를 활용한 팀 수행 수준의 점검 및 활용방법은 다음과 같다.

① 현재 팀 관리 상태를 GRPI 항목(30개)별로 분석해 본다.

② 주어진 방법대로 점수를 계산한 후, 팀의 발달 단계를 확인한다.

③ 팀을 한 단계 발달된 조직으로 변화시키기 위하여 분석결과 취약부분을 발췌하고, 개선방향을 적는다.

GRPI 체크리스트

1: 전혀 그렇지 않다 2: 그렇지 않다 3: 보통이다 4: 그런 편이다 5: 매우 그렇다

Goals (팀의 목표)	1	2	3	4	5
1. 우리는 팀의 미션을 명확히 알고 있다.					
2. 우리는 팀의 미션에 대해 모두 동의하고 있다.					
3. 우리는 팀의 이해당사자가 누구인지를 알고 있다.					
4. 우리는 팀의 이해당사자가 무엇을 원하는지 알고 있다.					
5. 우리는 이 팀이 진정으로 왜 필요한지 이해하고 있다.					
6. 우리 팀의 목표는 우선순위가 정해져 있다.					
7. 우리 팀은 목표를 성공적으로 실현하기 위한 전략을 가지고 있다.					

8. 우리 팀의 목표는 구체적이며 측정 가능하다.					
9. 우리는 팀 과제의 목표와 범위에 대해 상호 합의를 형성하였다.					
Roles & Responsibilities (팀과 개인의 역할 및 책임)	1	2	3	4	5
10. 우리는 누가 무엇을 할 것인지 등의 역할에 관해 의견의 일치를 보이고 있다.					
11. 팀 구성원에게 규정된 역할과 책임의 근거는 매우 타당하다.					
12. 팀 구성원 각자의 역할과 책임은 팀의 목표 달성을 뒷받침하고 있다.					
13. 팀 구성원들에게 과제를 수행하는 데 필요한 재량권이 부여되어 있다.					
14. 우리 팀 구성원은 담당 역할을 완수하는 데 필요한 역량을 가지고 있다.					
Process & Procedures (과제수행절차)	1	2	3	4	5
15. 우리는 팀의 목적과 사명을 달성하는 데 요구되는 핵심요소들을 알고 있다.					
16. 우리는 팀의 활동을 목표달성을 위한 핵심요소에 집중하고 있다.					
17. 우리의 실행 계획은 효과적으로 달성할 수 있도록 수립되어 있다.					
18. 실행계획 내에 명시된 과제들에 대한 역할분업이 분명하다.					
19. 우리는 과제수행의 진척도를 지속적으로 모니터링 또는 피드백 받고 있다.					

20. 우리는 지금까지 업무 달성도를 파악하기 위해 철저히 모니터링을 하고 있다.					
21. 우리는 업무수행 일정을 구체적으로 수립하였다.					
Interpersonal Relationships (구성원 간의 상호관계)	1	2	3	4	5
22. 우리는 팀 구성원들이 서로 기대하는 것이 무엇인지를 공유하고 있다.					
23. 팀이 어떻게 운영될 것인지에 대한 기본 방침에 합의하였다.					
24. 우리는 운영지침을 잘 준수하고 있다.					
25. 우리는 팀 운영을 효과적으로 하기 위한 신뢰감을 형성하였다.					
26. 우리는 팀 구성원 간에 개방적인 태도를 가지고 있다.					
27. 우리는 팀활동에 적극적인 태도를 가지고 있다.					
28. 우리는 팀의 운영에 대해 주기적으로 점검하고 있다.					
29. 우리는 구성원으로서의 소속감을 가지고 있다.					
30. 팀 구성원들은 팀 안에서 자신의 가치를 느끼고 있다.					

* GRPI 점수 계산 방법

① 각 문항별 점수를 더한다.

② 더한 점수에 0.7을 곱한 후, 5를 뺀다.(문항별 점수의 합 × 0.7 − 5)

※ 계산 예: 문항별 3이라고 응답한 경우가 12개고, 4라고 표시한 경우가 15개, 5라고 응답한 경우가 3개인 경우,

(3점 × 12개 + 4점 × 15개 + 5점 × 3개) × 0.7 − 5 = 72.5점

③ 점수를 확인한 후 아래 해당하는 팀 발달 수준을 확인한다.

*** GRPI 점수대 별 팀 발달 단계**

1. Working Group (진단점수 60점 미만)

하나의 팀으로서 구성원 간에 시너지 퍼포먼스를 발휘하지 못하는 초급 수준의 조직단계이다. 기본적인 정보와 Best Practices를 공유하고 다양한 관점을 나누면서 각자가 담당하고 있는 업무수행의 의사결정과정에서 각자 상호작용을 하고 있는 것이다. 따라서 공동의 목적이나 수행목표 등 팀 차원의 공동 이익을 위해 협업(cowork)을 하지 못하고 있는 상태이다.

2. Pseudo-Team (60점 이상~70점 미만)

조직구조상 팀 단위로 구성돼 있어 팀으로서의 역할수행이 요구되기도 하지만 조직 차원에서의 팀 퍼포먼스에 대해 집중하지 않고, 또 팀의 공동목표를 성취하기 위해 실제로 노력하지 않는 조직이다. 이러한 사이비 조직은 조직의 퍼포먼스가 가장 낮은 사람들의 모임이며, 다른 업무조직에 비해 업무성과 요구에 가장 못 미치는 단계이다. 왜냐하면 이들의 상호작용은 공동의 수익을 위한 것이라기보다 각 구성원의 개별적 업무수행으로 비롯되기 때문이다.

3. Potential Team (70점 이상~80점 미만)

잠재역량을 갖추고 있는 팀 조직은 퍼포먼스를 증진시키려는 욕구가 있으며, 실제로 팀 퍼포먼스를 높이기 위해 효과적으로 노력하는 집단이다. 그러나 팀이 추구하는 목적과 목표 또는 공동의 산출물이나 업무접근 방식에 대해서 좀 더 명확하게 해야만 잠재역량을 극대화할 수 있다. 따라서 조직의 차원에서 팀의 책임을 완수한 단계는 아니다. 대부분의 팀들이 발휘할 수 있는 일반적인 업무수행능력 범위이다.

4. Performing Team (80점 이상~90점 미만)

팀으로서 요구되는 퍼포먼스를 보여주는 조직으로 이러한 업무수행의 요구를 충족시켜 주는 집단이야말로 진정한 팀이다. 이들은 보통 적은 수의 사람들로 구성되는데, 상호보완이 가능한 능력을 가지고 있다. 또 공동의 목적과 목표를 분명히 하고 있으며, 각자가 자신의 역할에 대해 명확한 책임의식을 갖고 있을 뿐 아니라 같은 하나의 팀으로서 공동의 책임을 지는 방식으로 업무를 수행하는 사람들로 구성돼 있다.

5. High-Performance Team (90점 이상)

최고의 성과를 창출하는 단계에 와 있는 조직은 진정한 팀으로서의 모든 조건들을 갖추고 있다. 더욱이 조직을 구성하는 각자가 서로의 개인적 성장과 성공에 대해 깊이 헌신적으로 관여하고 있으며, 이러한 관계는 팀의 한계를 초월하게 한다. 이러한 팀은 다른 어떤 팀보다 높은 성과를 내게 되며, 또 팀원으로서 팀이 기대하는 사항을 충족시키게 한다. 이는 조직의 역량을 더욱 강화하는 것이며 대부분의 팀이나 잠재적 능력을 갖고 있는 팀에게는 좋은 모범이 된다.

*** GRPI 통한 팀 개선 방향 찾기**

앞서 수행한 GRPI 분석결과 중 우리 팀이 취약한 부분을 참고하고, GRPI 각 영역별로 팀의 바람직한 모습을 설계해보자.

	취 약 부 분	개 선 방 향
Goals *(예:미션, 비전의 불명확)*		
Roles & Responsibilities *(예: 역할, 책임 미흡)*		
Procedures & Process *(예: 과제수행 모니터링 미흡)*		
Interpersonal -Relationships *(예: 비협조적 분위기)*		

3장 의사결정 과정에서 발생하는 오류들

창의적 문제해결을 위해 우리는 다양한 정보를 수집하고 해석한다. 그리고 그러한 해석을 기초로 해결안을 모색한다. 이 과정에서 우리의 판단과 의사결정은 합리적일 것이라고 생각하지만 과연 그럴까? 문제해결 과정에서 무엇인가를 판단하고 결정할 때 다양한 종류의 인지적·심리적 함정들이 있다. 기본적으로 의사결정을 위한 정보에 대한 우리의 지각이 불완전하다. 우리의 감정이 올바른 판단을 방해하기도 한다. 우리가 문제해결 과정에서 빠지게 되는 오류와 함정에는 어떤 것들이 있을까? 자신의 생각과 판단이 맞다고 주장하기 전에 이러한 오류들이 언제나 존재할 수 있다는 사실을 인식해야 한다.

세상을 바라보는 차이

당신 앞에 원숭이, 판다, 바나나가 있다. 이 중 두 개를 묶어야 한다면 무엇을 선택하겠는가? 이 재미있는 실험에 대부분의 한국인과 중국인, 일본인은 원숭이와 바나나를 묶었다. 원숭이가 바나나를 좋아한다는 이유 때문이다. 그러나 똑같은 질문을 서양 사람들에게 했더니 대부분 원숭이와 판다를 묶었다. 둘 다 동물이라는 이유다. 이와 같은 대답 차이의 이유는 두 문화권에서 세상을 바라보는 관점이 다르기 때문이다. 연결과 조화를 강조하는 동양 문화권에서는 두 개체의 관계에 먼저 관심을 갖지만 서양인은 분석적인 사고로 사물의 개별적인 특성을 바라본다.

다른 예를 보자. 나무로 만들어진 원기둥에 '닥스'라는 이름을 붙였을 때, 플라스틱 재질의 원기둥과 나무로 만든 직육면체 중 어떤 것을 닥스라고 분류할 수 있을까? 이것은 동질성에 대한 기준 문제이다. 형태를 기준으로 구분할 것인가, 아니면 물질을 기준으로 구분할 것인가? 동양인은 동질성을 기준으로 구분하기 때문에 물질이 같은 직육면체 기둥을 선택하지만, 서양인은 형태를 기준으로 구분하기 때문에 플라스틱 원기둥을 선택한다고 한다. 동양인과 서양인의 지각 차이를 보여주는 흥미로운 사례이다.

만일 당신이 서양인 존슨과 함께 일을 하는 상황이라고 상상해보자. 원숭이와 판다를 같은 분류로 생각하는 그에 대해서 생각이 틀렸다고 할 것인가? "모양만 같다고 닥스냐? 재질을 봐야지!" 하면서 답답해할 것인가? 정답이 없고 단지 지각 차이만 있는 이슈에 대해 우리는 지금도 "내가 맞고 너는 틀리다"며 목소리를 높이고 있는 것은 아닐까?

자신만의 지각방식으로 정보를 해석

이처럼 똑같은 정보를 가지고도 자기가 편한 방향으로 해석하는 것이 인간이 가진 인지적 특성이다. 사람들은 이런 인지적 특성을 가지고 의사결정을 한다. 그런데 실제의 삶은 하나의 정보만 제공되지 않는다. 정보를 인식하기 전에, 혹은 정보를 인식하는 순간에 다양한 정보를 함께 접하게 되는데, 이러한 정보를 효과적으로 처리하기 위하여 편의상 '조작'도 한다.

심리학자 오웬스(J. Owens)와 그의 동료들[14]이 제시한 '연속극 효과(soap opera effect)'는 인간의 자연스러운 '기억 조작'을 보여주었다. 오웬스와 그의 동료들은 실험집단과 통제집단에 동일하게 한 여자의 병원진찰 경험을 서술한 짧은 지문을 제시하고, 실험집단에만 사전에 여자가 임신이 된 것 같아 염려하고 있는 내용의 지문을 보여주었다. 일정 시간이 지난 후, 병원 일화에 대해 회상하도록 하였는데, 사전 정보가 주어졌던 실험집단은 통제집단에 비하여 전체 이야기를 응집성 있게 잘 기억해 냈다. 그러나 임신 염려에 대한 지문의 영향으로 '여자는 임신 검진을 하러 병원을 찾았다', '의사가 임신이 아니라고 해서 안심했다' 등 원래의 지문에는 있지 않았던 정보를 기억하고 있었다. 인간의 뇌는 이미 알고 있는 지식을 활용하여 새로 알게 된 지식을 보다 효과적으로 기억하도록 하지만, 그 조작 과정에서 왜곡이 일어나기도 한다.

우리는 동시에 제공되는 정보들 때문에 매우 빈번하게 의사결정의 오류를 범하기도 한다. '워싱턴포스트 선데이 매거진'은 미국이 낳은 세계적인 바이올리니스트 '조슈아 벨'이 출근시간 지하철역에서 연주하는 실험을 했다. 총 45분간 이 세계적인 연주가의 연주를 주의 깊게 들은 사람은 그 앞을 지나친 1,097명의 시민 가운데 단 7명이었다. 지하철역이라는 공간에 관한 정보가 함께 제공되면서 사람들은 세계적인 바이올리니스트의 연주를 '거리의 악사'의 평범한 연주로 선불리 치부해 버린 것이다.

누구나 자신만의 인식과 지각의 틀을 가지고 있으며, 이를 통해 의사결정을 하는 것은 자연스런 일이다. 하지만 자신의 지각에 대해 굳건한 믿음을 고수하는 것은 위험할 수 있다. 당신이 오늘 어떤 문제를 바라보는 시각이 당신의 개인적 특성에 의해 영향을 받은 결과일 수도 있고 바로 며칠 전 시청한 TV프로그램의 내용이나 친구와의 대화를 통해 일시적으로 조작되고, 형성된 것일 수도 있다.

어떤 의사결정을 위해 우리는 다양한 정보를 보고 지각하고 해석하지만, 객관적인 실체나 현실보다는 그것에 대한 우리의 지각에 의존한다. 그리고 문제는 사람들이 동일한 것을 보거나 들어도 서로 다르게 지각한다는 것이다. 정보를 받아들이는 사람의 개인적 특성이나 상황적 특성으로 인해 정보에 대한 해석은 전혀 달라질 수 있다.

닻 내리기 효과

아래 그림을 보면 무엇이 보이는가? 사람들의 생각은 초기값에 의해 크게 영향을 받는다. 이것을 '닻 내리기 효과(anchoring effect)'라고 한다. 닻을 내린 곳에 배가 머물듯이, 처음 입력된 정보가 정신적 닻으로 작용해 전체적인 판단에 영향을 미치는 현상이다. 각자가 가지고 있는 지식이나 경험 등에 따라 같은 현상도 다르게 보이게 된다. 그래서 아래 그림과 관련된 직·간접 경험이 전혀 없는 어린이들 눈에는 돌고래밖에 보이지 않지만 어른들 눈에 돌고래는 죽어도 보이지 않는 것이다.

[그림 9-1] 무엇일까요?

[출처] Sandro Del-Prete(1987), The message of dolphins.

사람들은 각자 서로 다른 경험과 지식들, 많은 것을 당연하게 생각하는 고정관념을 가지고 있다. 그리고 그것들을 기초로 우리는 어떤 사물을 바라보거나 판단하기 때문에 무슨 일이 일어나고 왜 일어났는지 충분히 생각하지 못한 채 일을 처리하기도 한다. 사물을 특정 방식으로 보는 데 익숙해서 거기에 다른 측면이 있는 것을 보지 못하는 것이다. 그 결과 무의식적으로 어떤 정보를 걸러내거나 자신의 믿음에 의해 정보를 선택해서 받아들이고 왜곡하게 된다.

감정의 영향

의사결정은 감정이 아닌 이성의 영역처럼 보인다. 어린 시절부터 우리는 현명한 결정은 냉철한 머리에서 나온다고 배우며 자란다. 질서정연한 의사결정 프로세스에 감정이 끼어드는 것은 적절해 보이지 않는다. 그러나 감정의 영향을 받지 않는 의사결정은 거의 없다. 우리의 욕구와 관심사는 의사결정 하는 데 중요한 판단의 근거 가운데 하나다. 우리는 종종 이런 말을 한다. “이유는 잘 모르지만, 왠지 그쪽으로 끌려.” 자연스럽게 자신에게 좋은 감정을 일으키는 선택을 하는 것이다. 또 어떤 선택을 한 직후 만족해한다면, 그 선택이 자신에게 좋은 감정을 느꼈기 때문일 것이다. 혹시 장래 목표 등 어떤 선택을 할 때 판단이 잘 안되면, 스스로에게 물어봐라. 어떤 선택이 자신의 가슴을 뜨겁게 하는지? 때론 이성보다 감정에게 판단을 맡기는 것이 적절하다.

1982년 독일의 경제학자 베르너 귀트(Werner Güth)는 최후통첩게임이라는 것을 고안했다. 이 게임의 내용은 다음과 같다. 첫 번째 사람에게 일정한 돈을 주고 두 번째 사람과 이를 나누도록 하는데, 두 번째 사람은 첫 번째 사람의 제안을 수락할 수도 있고 거절할 수도 있다. 제안을 받아들이면 제안된 금액대로 두 사람이 나누어 가지지만, 만일 첫 번째 사람이 제안한 액수를 두 번째 사람이 거절하면 두 사람 모두 돈을 한 푼도 받지 못하는 조건이 부여된 게임이다. 또한 게임은 단 한 번만 시행된다.

이 게임에서 두 번째 사람은 첫 번째 사람의 제안을 거절할 이유가 없다. 돈을 전혀 받지 못하는 것보다 조금이라도 받는 편이 낫기 때문에 상대가 아무리 작은 금액을 제시하더라도 받아들여야 한다. 하지만 실제로는 그렇지 않다. 몫을 제안하는 사람들은 대부분 40~50%에 해당하는 금액을 상대방에게 건네주었고, 제안된 금액이 20% 미만일 경우 두 번째 사람은 제안을 거부하는 것으로 드러났다. 왜 그럴까? 피험자들에게 이유를 물으면 각기 표현은 다르지만 상대방의 인색함에 화가 나서 제안을 거절했다고 말한다. 이것은 이성적인 판단이 아니다. 이 의사결정에는 우리의 동물적인 뇌가 작용하고 있다. 인지신경학자인 앨런 샌피(Alan Sanfey) 연구팀[15]은 기능적 자기공명영상을 이용해서 게임 피험자의 뇌를 살펴보았다. 제안 금액이 감소할수록 분노와 혐오 같은 부정적인 감정과 관련된 뇌의 일부분인 뇌섬(insula)이라는 영역이 활성화되었다. 이 실험은 모든 종류의 의사결정에는 감정적인 두뇌가 적극적으로 관여한다는 점을 말해준다.

감정이 제대로 작동하지 않으면 이성적 사고나 의사결정 능력도 제대로 기능하지 못한다. 세상 사람들을 놀라게 한 바둑기계 '알파고(Alpha Go)'는 인간의 호불호, 두려움, 집착과 같은 감정적 요인에 좌우되지 않아 냉철한 분석이 가능했지만 인간의 경우는 정반대다. 뇌의 감정영역이 손상된 환자를 연구한 결과에 따르면 그들의 인지능력이 정상이었음에도 불구하고 의사결정능력은 떨어진다고 한다. 이 환자들은 복잡한 계산을 하고 언어를 이해하며 읽고 쓸 줄은 알아도 약속장소에 가기 위해 택시를 탈지 버스를 탈지와 같은 간단한 문제를 결정하는 데 애를 먹는다. 선택안이 전부 똑같은 정도로 좋아 보이기 때문에 어떤 것이 나은지 결정하지 못하는 것이다. 또한 두려움을 느끼지 못하는 경우에는 여러 대안 중 무엇이 가장 안전한지 판단하지 못한다고 한다.

감정 휴리스틱

심리학자 폴 슬로빅(Paul Slovic)은 사람들이 어떤 사건이나 상황에 대해 판단을 할 경우 경험으로 형성된 감정에 따라 평가를 다르게 한다고 주장하면서 이를 '감정 휴리스틱(affect heuristic)'이라고 불렀다. 예를 들면, 당신이 어떤 물건이 마음에 들면 그것의 장점이 충분하다고 믿고 단점은 무시할 만하다고 믿는다. 반대로 어떤 것에 대해 부정적 감정이 들면 그것이 주는 혜택이나 장점은 머리에 잘 들어오지 않는 것이다.

슬로빅(Solvic, Monahan, & MacGregor, 2000)[16]은 의사결정에서 감정이 중요한 요인이라는 사실을 실험을 통해 보여주었다. 어떤 환자를 퇴원시킬지 고르는 결정 상황에서 피실험자들에게 두 가지 소견서를 보여 주었다. 첫 번째 소견서에는 "이 환자와 유사한 환자들이 퇴원했을 때 나중에 폭력적인 행동을 할 확률이 20%"라고 설명되어 있었고, 두 번째 소견서에는 "이 환자와 유사한 환자 100명 중 20명이 퇴원한 후에 폭력적인 행동을 보였다"라고 설명되어 있었다. 두 소견서는 사실상 같은 의미를 내포하고 있었으나, 첫 번째 소견서를 본 후 피실험자들의 21%가 환자의 퇴원에 반대하였고, 두 번째 소견서의 상황에서는 41%나 반대했다. 이 사례는 사람들이 확률(20%)로 표현되는 것보다는 빈도

(20명)로 표현되는 것에 더욱 감정적인 반응을 한다는 것을 보여준다.

사람들의 감정을 자극하는 꼬리표를 '감정의 꼬리표(affective tag)' 또는 그런 전략을 '정서적 꼬리표 달기(emotional tagging)'라고 한다. '자연산(natural)', '유기농(organic)', '프리미엄(premium)' 등의 특정 단어에 감정의 꼬리표를 달면 긍정적 감정을 일으켜 자연스럽게 선택으로 이어지는 것이다. 심지어 유해 제품인 담배에도 '자연산'이라는 감정의 꼬리표를 붙이면 판매가 증가한다는 사실은 대단한 아이러니지만 감정의 위력을 보여 주는 좋은 사례다.[17]

미시건대학교의 연구가들은 실험 대상자에게 100분의 1초 이하의 시간 동안에 세 가지 그림, 즉 미소 짓는 얼굴, 심술궂은 얼굴, 그리고 중립적인 표정의 얼굴 가운데 하나를 보여주었다. 그리고는 한자(漢字)를 하나 보여 주면서 그것이 마음에 드는지 아닌지를 진술하게 하였는데, 그들의 판단은 실험 대상자들에게 보여준 그림과 거의 비슷했다. 미소 짓는 얼굴을 본 사람들은 처음에 보는 한자를 마음에 들어 했고, 심술궂은 얼굴을 본 사람들은 처음에 보는 한자를 싫어했다.

경제학자 데이비드 허슐레이퍼와 타일러 셤웨이(D. Hirshleifer, & T. Shumway)는 1982년부터 1997년까지 세계 26개 주요 증권거래소들의 변동 상황과 그날의 아침 일조량을 고찰한 끝에 둘 사이에 상관관계가 있다는 사실을 밝혀냈다[18]. 아침에 태양이 비치는 것은 앞선 사례에서처럼 미소 짓는 얼굴을 본 것과 같이 투자자들의 감정에 긍정적인 영향을 주었던 것이다. 이처럼 눈 깜짝할 사이에 지나간 얼굴 표정에서부터 실체가 없는 증권시장의 분위기까지 아무런 의미가 없는 사안들이라고 해도 우리의 감정이 판단에 영향을 미칠 수 있다는 사실을 유념할 필요가 있다.

행동경제학이론을 자신의 투자컨설팅 사업에 접목한 심리학자 리처드 피터슨(Richard Peterson)은 흥분(보상을 추구하는 고조의 감정)과 두려움(손실을 회피하는 강렬한 감정) 등의 감정이 생길 때는 "이 감정의 원인은 무엇인가?", "이 감정은 어디에서 오는가?", "내가 이런 감정을 느끼게 된 상황은 무엇인가?"와 같은 질문을 스스로에게 던지도록 권유한다. 이런 질문들을 통해 순간의 감정에 휘둘려 잘못된 판단을 내리는 실수를 조금은 줄일 수 있기 때문이다.

확증편향

1999년 하버드대학교 심리학과 건물에서 한 가지 흥미로운 실험이 진행되었다. 연구팀은 6명의 학생들을 두 팀으로 나눠 한 팀은 검은색 셔츠를, 다른 한 팀은 흰색 셔츠를 입게 한 뒤 농구공을 패스하게 했다. 조금 후 고릴라 복장을 한 사람이 공을 주고받는 학생들 사이를 가로질러 지나가면서 무대 중앙에 잠시 멈춰 가슴까지 쳤다. 이 과정이 고스란히 영상에 담겼는데 1분의 재생시간 중 고릴라가 출현하는 장면은 약 9초 정도였다. 연구팀은 이 영상을 많은 사람에게 보여주면서 흰 셔츠를 입은 학생들이 공을 패스하는 횟수를 세도록 했다. 사람들의 주의를 한곳에 집중시키기 위해서였다. 이들은 영상을 본 사람에게 횟수를 물은 후 또 다른 질문을 했다. "공을 던지는 학생들 사이를 가로지르는 고릴라를 보았나요?" 이 질문에 약 절반 정도의 사람들이 고릴라를 보지 못했다고 답했다. 공을 주고받는 횟수에 집중한 나머지 다른 정보들을 모두 놓쳐버린 것이다(유튜브에 'invisible gorilla'로 검색해서 한 번 해보길 바란다).

이렇게 특정 부분에 주의를 집중할 때 주변의 변화를 알아채지 못하는 현상을 '무주의 맹시(inattentional blindness)'라고 한다. 그런데 이 실험에서 더 의미 있는 결과는 고릴라를 보지 못한 사람들 중에 자신이 보지 못했다는 사실을 쉽게 받아들이지 못하는 경우가 많았다는 점이다. 사람들은 스스로의 인지능력을 과신하는 경향이 있다. 또한 자신에게 익숙하거나 비교적 초기에 인지된 정보를 신뢰하고 그것과 배치되는 정보는 외면하는 경향이 크다. 자신의 신념과 일치하는 정보는 쉽게 받아들이고 일치하지 않는 정보는 무시하는 경향을 "확증편향(confirmation bias)"이라고 한다. 자신이 보고 싶은 것만 보고, 실제로 존재하는 많은 사실들을 자신의 생각의 경계에서 자연스럽게 제거하는 것이다. 이런 편향으로 인해 인간은 일단 하나의 결정을 내리면 다른 좋은 선택지가 나타나도 절대로 자신의 생각을 바꾸지 않는다. 최근 심리학 자료를 대상으로 실시한 연구는 확증편향의 효과를 잘 보여준다[19].

연구진은 8천 명 이상이 참가한 91건이 넘는 연구결과를 분석했다. 그 결과 사람들은 자기 의견이 틀렸음을 보여주는 정보 대신 자기 의견을 뒷받침하는 정보를 택할 가능성이 두 배 이상 높았다. 어떤 특정 대상에 이미 많은 시간이나 노력을 쏟은 경우에 확증편향은 더 강해졌다.

확증편향은 판단을 왜곡한다. 선택안 A보다 선택안 B에 조금이라도 더 마음이 끌리면 우리는 B를 뒷받침하는 정보에 스포트라이트를 맞추기 십상이다. 사람들이 정보를 더 찾는 이유는 자신이 믿는 사실이 정확한지 여부를 확인하고 필요하다면 이제껏 굳게 믿어왔던 신념을 과감히 버리기 위해서가 아니다. 진짜 목적은 기존의 신념을 확증해 줄 정보를 찾기 위해서다. 그러니 신념이 바뀔 일은 절대로 없다. 예전에 어느 기공고수와 격투기 선수와의 대결이 있었다. 시합은 격투기 선수의 일방적인 승리로 싱겁게 끝났다. 그것을 본 수많은 사람들은 이제 아무도 기공무술을 배우려 하지 않을 것이라고 예상했지만 그런 일은 일어나지 않았다. 아무리 객관적으로 증명하거나 사실 여부를 밝혀내도 확증편향은 꿋꿋이 살아남는다.

프레이밍 효과

오래전 프랑스는 CPE(최초 고용계약제도) 도입과 관련하여 “신입사원 채용 후 2년 이내에 해고할 수 있다”는 법안을 다루고 있었다. 국민들은 2년 후 ‘해고’가 될 수 있다는 부정적 가능성 때문에 대규모 시위가 일어났고 결국 이 법안을 철회되었다. 그런데 독일 메르켈 정부에서도 유사한 법안이 발의되었다. 다만, 표현이 약간 다르다. “2년간 임시직으로 써본 후 채용할 수 있다”고 표현하였고, 별 잡음 없이 법안이 통과되었다. 사실 두 법안의 내용이 같은 것임에도 국민들의 반응은 전혀 달랐다. 프랑스 법안은 ‘해고’라는 단어를 사용하여 해고를 머릿속에 떠올리게 했지만, 독일법안은 ‘채용’이라는 단어를 선택하여 사람들에게 채용을 머릿속에 떠올리게 한 것이다.

‘프레이밍(framing)’이란 어떤 질문이나 정보의 내용이 같아도 그것이 제시되는 방식에 따라 사람들의 선택이나 판단이 달라지는 현상을 말한다. 물이 절반 채워진 컵을 보면서 물이 “절반이나 남았다”고 말하는 사람이 있는가 하면, “절반밖에 안 남았다”고 말하는 사람도 있다. 전자가 긍정적으로 프레이밍한 것이라면 후자는 부정적으로 프레이밍한 것이다.

프레이밍 효과를 잘 보여주는 실험이 있다. 실험에 참가한 의사들은 수술과 방사선 치료로 폐암을 치료한 결과를 정리해놓은 통계를 받았다. 의사 중 절반은 생존율 통계를, 절반은 사망률 통계를 읽었다. 수술 결과에 대한 설명은 다음과 같았다.

1. 1개월 후 생존율은 90퍼센트이다.
2. 1개월 내 사망률은 10퍼센트이다.

당신이라면 어떤 말을 들었을 때 수술을 받겠다고 할까? 의사들은 100명 중 10명이 죽는다는 정보를 들었을 때보다 100명 중 90명이 산다는 정보를 들었을 때 수술을 권할 가능성이 더 높은 것으로 드러났다. 이러한 연구 결과들은 사람들의 마음속에서 이익보다 손실이 훨씬 더 크게 비춰진다는 사실을 일관되게 보여주었다.

다음은 ＜넛지(Nudge)＞[20]에 소개된 사례인데, 에너지 보존과 관련하여 다음과 같은 정보 캠페인을 생각해보자.

1. 당신이 에너지 절약을 실천한다면 연간 350달러를 절약할 것이다.
2. 당신이 에너지 절약을 실천하지 않는다면 연간 350달러를 잃을 것이다.

이 경우 손실의 측면에서 구성된 정보 캠페인 2가 1보다 훨씬 강력한 것으로 드러났다. 따라서 정부가 에너지 절약을 촉구하길 바란다면 2가 더 강력한 문구가 된다.

이러한 프레이밍 효과는 정보가 제시되는 방식에 따라 우리가 조작당할 가능성에 매우 취약하다는 것을 의미한다. 프레이밍을 유리하게 사용할 수도 있지만 때로는 그것으로 인해 판단의 오류가 발생하고 의사결정의 질이 떨어지기도 한다. 같은 정보라도 말하는 사람이 어떤 의도로 그 정보를 전달하는지에 따라 그 의미가 바뀌기도 한다. 따라서 중요한 결정을 할 때는 정보나 말에 대해 곧바로 판단하기보다는 객관적으로 장·단점을 하나하나 따져보고 정할 필요가 있다.

집단사고

1961년 2월, 미국의 케네디(John F. Kennedy) 대통령은 한 기밀계획을 보고 받았다. 미국에 거주하는 쿠바 망명자 1,300명에게 군사훈련을 시켜 쿠바의 피그만(Bay of Pigs)으로 침투시킨다는 계획으로, 이들이 쿠바인들의 봉기를 유도해 공산주의 정권을 몰아내고 자본주의 국가를 수립하는 것이 최종 목표였다. 케네디 대통령은 CIA를 비롯한 합참의장과 백악관 각료, 외교 전문가들을 동원해 이 작전을 검토했고, 만장일치로 실행하기로 결정했다. 작전을 실행에 옮기기까지 준비기간은 2개월밖에 되지 않았다. 모든 것이 이상하리만치 빠르게 진행되었다. 그렇게 1961년 4월 17일에 작전이 감행되었다. 피그만으로 침투하는데 성공한 1,300명은 쿠바 민중들을 설득했고, 공산주의를 무너뜨릴 수 있는 절호의 기회라고 역설했다. 하지만 쿠바인들은 카스트로 정권에 호의적이었고, 결국 봉기는 일어나지 않았다. 게다가 미국의 예상과 달리 쿠바 군대는 신속하게 대응했다. 쿠바 군대는 4일 만에 100명을 사살했으며 1,200여 명을 생포했다. 결국 미국은 5천 만 달러 상당의 식품과 의약품을 주는 대가로 포로들을 구할 수 있었다. 쿠바의 공산주의 정권을 무너뜨리기는커녕 오히려 더 도와준 꼴이 되고 말았다.

미국 예일대학의 심리학자 제니스(Irving Janis)[21]는 최고의 전문가 집단이라고 할 수 있는 백악관 참모진들이 어떻게 이런 엉터리 같은 의사결정을 하게 되었는지 알아내고자 백악관의 의사결정 과정을 심리학적으로 분석했다. 그 결과 응집력이 높은 집단에서 만장일치가 요구될 때 그 집단은 종종 엉터리 같은 결정을 내린다고 결론지었으며 이를 집단사고라고 불렀다. 제니스는 집단 안에서 이뤄지는 집단사고에는 다음 여덟 가지의 현상이 발생한다고 보았다.

① **과오불가의 환상**(illusion of invulnerability) : 우리 집단의 지도자와 구성원들이 좋다고 결정하였다면 그것은 성공하게 되어 있으며, 행운은 우리들의 편을 들어줄 것이라고 낙관적으로 자신한다.

② **집단의 도덕성에 대한 과신**(belief in inherent morality of the group) : 자신이 속한 집단의 결정이나 행동에는 무조건적으로 도덕성이 있다는 신념을 갖고, 집단의 행위나 결정이 가져올 해로운 결과를 무시하고, 그것들이 당연히 정의롭고 도덕적이며 옳은 것이라고 간주한다.

③ **집단의 합리화**(collective rationalizations) : 집단 구성원들이 선택한 결정안을 재고하도록 하는 경고나 정보를 무시하기 위해 집단의 결정에 유리한 근거나 가정만을 강조하거나 그 결정이 가져올 결과의 긍정적 측면만 과대평가하고 부정적 측면을 과소평가한다.

④ **외부집단에 대한 고정관념**(stereotypes of out-group) : 우리 집단의 목표와 견해와 행동은 항상 좋고 인간적이며 바람직하다고 생각하는 반면, 외부집단 특히 반대집단이나 적대집단은 본질적으로 악하고 비인간적이며 나쁘다거나 합리적이지 못하고 어리석으며 능력이 없다고 본다.

⑤ **자아검열**(self-censorship) : 집단의 일치된 의견으로부터의 일탈을 방지하기 위해 지도자의 견해나 신념 또는 집단의 지배적인 신념이나 견해에 대해 자기가 갖고 있는 의심이나 자신이 하고 싶은 반대 주장의 중요성을 스스로 최소화시킨다.

⑥ **만장일치의 착각**(illusion of unanimity) : 집단 구성원들이 모두 결정에 동의하였다고 착각한다.

⑦ **이견자에 대한 압력**(direct pressure on dissenters) : 집단결정에 강한 이견

을 주장하는 구성원에게는 누구나 할 것 없이 그들의 견해를 바꾸도록 직접적으로 촉구하거나 압력을 가한다.

⑧ **반대정보의 차단**(group mind guards) : 집단결정에 대한 도덕성과 효과성에 대해 구성원들이 공유하고 있는 만족감을 훼손시킬 반대 정보를 차단시켜 집단을 보호한다.

제니스가 집단사고의 현상으로 지적한 것들을 살펴보면, 대안들을 충분히 고려하지 않고, 도출된 해결책을 충분히 검토하지 않으며, 정보를 공정하게 평가하려는 의지가 부족하고, 예측 가능한 실패를 거의 고려하지 않은 것들이 꼽힌다.

집단사고는 다수로 이루어진 집단이 언제나 개인보다 합리적이고 올바른 결정을 내리는 것은 아니라는 사실을 보여준다. 오히려 개인이 혼자 내리는 의사결정보다 오류가 더 심해지는 경우도 많다. 그렇다면 집단의사결정에서 집단사고가 일어나지 않도록 하려면 어떻게 해야 할까?

제니스가 제시한 집단사고를 예방할 수 있는 방법은 다음과 같다.

첫째, 리더는 집단의 구성원들에 대해 이견과 비판을 장려해서 구성원들이 편하게 반대와 의심을 할 수 있도록 해야 한다. 개방적인 분위기의 지도자가 되어야 한다는 것이다.

둘째, 리더는 공개적으로 자신의 선호를 언급하지 않아야 한다. 지위가 낮은 사람부터 먼저 발언권을 주고 그 다음 지위 순으로 발언권을 주는 것이 한 가지 방법이다. 리더가 처음부터 의견을 말하면 구성원들은 말을 삼가고 반론을 제기하지 못한다. 반면 리더나 고위급 인물이 소수가 가진 정보를 들을 의사가 있음을 밝히고 이런 발언을 장려하면 토론에 큰 도움이 된다. 또 처음부터 확고한 태도를 보이지 말고 구성원으로부터 다양한 정보가 나올 수 있도록 여지를 두는 편이 좋다.

셋째, 집단을 여러 개의 하위 집단으로 나누어 독립적으로 토의한 뒤 함께 모여 차이를 조정한다.

넷째, 외부 전문가를 초빙해 집단 토의에 참여하도록 하고 그들이 집단의 의견과 다른 의견을 제시하도록 한다.

다섯째, 대안을 평가하는 모임에서 무조건 반대자의 역할을 담당하는 "악마의 대변인(Devil's advocate)"을 상시 지명한다.

집단사고에 관한 한 가지 사실은 집단이 집단사고가 일어날 그 시점뿐만 아니라 한참 지난 후에도 그것을 자각하지 못한다는 점이다. 그나마 구성원들이 결정을 내린 후 뒤돌아볼 때 그것이 집단사고였다는 것을 깨닫게 된다면, 향후 집단사고의 오류를 최소화하게 될 좋은 경험이 될 것이다.

실습합시다

지금까지 살펴본 인지적·심리적 오류들에 빠지지 않으려면, 창의적 문제해결 과정에서 어떤 노력들이 필요할지에 대해 토의해보자.

4장 의사소통

팀 활동의 가장 기본적인 도구는 의사소통이다. 의사소통을 통해 서로 생각을 나누고 과제를 진행하게 된다. 여러 사람이 함께 협력을 하면서 생산적인 팀 활동을 하기 위해서는 다른 사람들의 말과 생각을 존중하고 잘 지내는 방법을 아는 것도 중요하다. 인간관계에서 발생하는 대부분의 문제는 의사소통이 제대로 이루어지지 못해서 발생한다. 이건 팀 활동에서도 마찬가지다. 의사소통이 잘 이루어지지 못하면 팀 활동이 엉망이 될 수도 있다. 효과적인 팀 활동을 위한 의사소통 역량이 필요하다.

의사소통의 기능

오늘날 인류는 기계에 더 익숙하고 사람에게 덜 익숙한 세상에서 살고 있다. 사람들과 대화하는 시간은 줄어들고 디지털 기기를 들여다보는 시간은 점차 늘고 있다. 이러다보니 키보드를 두드리는 일에는 익숙할지 몰라도 사람들과 얼굴을 마주하면서 대화를 이끌어나가는 데에는 서툴러지지 않을까 걱정된다.

의사소통은 사실전달, 의미전달, 감정전달의 세 가지 기능을 가진다. 오늘날 사실전달을 위한 의사소통 수단은 상당히 많아졌다. 사람들이 늘 들고 다니는 휴대전화로 언제든 타인과 통화가 가능할 뿐 아니라, 이메일, 문자, SNS 등 정보통신을 이용하여 신속히 사실을 주고받을 수 있다.

그러나 의사소통 수단이 많아졌다고 의사소통이 예전보다 효과적이거나 정확히 이루어졌다고는 볼 수 없을 것이다. 사실을 전달하는 데 성공했다고 해도 그 의미와 감정은 정확히 전달되지 않을 수 있다. 같은 사실이라도 의미나 감정이 전혀 다르게 전달될 수 있다. 똑같은 말을 해도 어떤 맥락에서 했느냐에 따라 전혀 다른 의미를 가진다. 그래서 흔히 이런 경우가 발생한다. "오해야. 난 그런 뜻으로 말한 것이 아닌데..." 한 사람만 건너도 내 말이 전혀 다르게 왜곡되어 제3자에게 전달되기도 한다. 말이 전달되는 상황이나 문화적 가치관 등의 차이로 인해 본래의 의도와는 다르게 해석될 수도 있다. 직접대면을 하지 않아도 의사소통이 가능하기 때문에 오늘날의 다양한 의사소통 수단이 오히려 의사소통의 충실한 기능을 방해하고 있는지도 모른다.

의사소통을 잘한다는 것은 상당히 어려운 일이다. 단지 말을 잘한다는 것이 아니다. 사실을 전달하는 과정에서도 여러 가지 장애물들이 훼방을 놓는다. 경청하고 싶지 않은 심리적 저항, 자신의 성향에 맞는 얘기만 들리는 자기중심적 사고, 상대방에 대한 편견으로 인한 왜곡된 해석 등으로 인해 감정은 물론 객관적인 사실도 정확하게 상대방에게 전달하기 쉽지 않다. 이 과정에서 듣는 자세도 매우 중요하다. 듣는 자세에 따라 자신의 메시지가 더욱 설득력을 가질 수도 있고 진정성이 보일 수도 있다. 반대로 무심코 보인 태도로 인해 상대방이 오해를 할 수도 있다.

경청

여러 사람이 함께 과제를 수행하기 위한 가장 기본적인 의사소통 자세는 경청이다. 이걸 인정하지 않을 사람은 아무도 없겠지만 가장 실천하기 어려운 것도 사실이다. 경청은 단지 상대방의 말을 듣기만 하는 소극적이고 수동적인 행위가 아니다. 우리 자신의 관심과 욕구와 편견을 한쪽으로 밀어놓고 상대방을 진정으로 이해하고 공감하겠다는 의지의 표현이며, 상대방이 말하고자 하는 모든 메시지에 반응하는 매우 적극적인 과정이다. 따라서 경청은 과제수행과정에서 팀원들 간의 원활한 의사소통을 위한 중요한 자세이며 기술이다. 다른 사람의 말을 주의 깊게 듣는 경청 자세를 통해 다른 사람들로부터 많은 것을 배울 수 있고 이 과정에서 자신이 독단에 빠지지 않도록 경계해야 한다. 여기에 더해 상대방을 '존중'하고 있다는 모습을 보여줌으로써 신뢰를 얻을 수도 있다.

그러나 경청은 쉽지 않다. 때로는 듣고 싶지 않거나 인정하기 싫은 말을 상대방이 하기도 하고, 때로는 끝까지 듣기 지루하기도 하다. 인간은 주어진 정보 중 자신의 성향에 맞는 67%의 정보만을 받아들인다고 한다. 자신이 듣고 싶은 않은 말은 걸러내는 것이다. 또는 자신의 성향에 맞게 상대방의 말의 의미를 왜곡시켜 해석하기도 한다. 이처럼 경청이란 것은 이러한 심리적 장애물을 넘어서야 하는 것이니 단순한 태도의 문제가 아니고 역량인 것이다.

자신의 경청 수준을 진단해 보면 경청을 위해 무엇을 더 노력해야 할지 스스로 알 수 있을 것이다. 팀원들과 함께 진단을 해보면서 서로 이야기를 나눠본다면 생산적인 의사소통 분위기를 조성하는 데 더욱 좋을 것이다.

경청 기술 진단

다음 행동들은 적극적 경청과 관련된 내용이다. 자신에게 해당되는 정도를 측정해 보자.

전혀 안한다 = 1　　거의 안한다 = 2　　가끔 그렇다 = 3
대부분 그렇다 = 4　　항상 그렇다 = 5

다른 사람과 대화를 할 때,

1. 다른 사람의 견해를 이해하려고 한다.
2. 자신의 생각을 일단 보류한다.
3. 그 사람에게 주의를 집중한다.
4. 대부분의 시간을 말하기보다는 듣는 데 보낸다.
5. 정확히 이해했는지를 확인하기 위해 질문을 던지기도 한다.
6. 이해받기 전에 이해하려고 노력한다.
7. 주변에 잡념을 일으킬만한 것들(전화, 신문, 다른 사람들의 대화 등)은 무시한다.
8. 이야기 도중에 시계를 보지 않는다.
9. 적절한 보디랭귀지(웃음, 끄덕거림, 제스처 등)를 사용한다.
10. 내가 제대로 이해했는지 확인하기 위해 알기 쉽게 말을 바꾸어 말해보기도 한다.
11. 듣는 도중에는 어떻게 반응할 것인지에 대해 생각하지 않는다.
12. 상대방의 말이 끝난 후에야 말한다.
13. 대화중에는 그 사람에 대해 판단하지 않는다.
14. 말하려는 조바심이 없다.

점수 합산 후 다음과 같이 진단할 수 있다.

56점 이상 : 훌륭한 경청자
42~55점 : 좋은 경청자
41점 이하 : 말하기보다는 듣는 연습이 필요

지식의 저주

아는 사람은 모르는 사람의 마음을 알까? 난 강의할 때 나름대로 쉽게 설명한다(고 생각한다). 예를 들어가며 모든 학생들이 확실하게 이해할 수 있도록 강의하는 것이다. 그런데 간혹 학생들이 나를 바라보는 표정이 이상하다. 고개를 갸우뚱거리는 학생이 있는가 하면 눈만 멀뚱멀뚱 하면서 쳐다보는 모습이 전혀 이해하고 있는 얼굴이 아니다. 아니 이렇게 쉽게 설명했는데도 이해하지 못하다니!

히스형제(Heath & Heath, 2007)는 <스틱(Stick)>[22]이라는 책에서 '지식의 저주(curse of knowledge)'라는 용어를 사용하여 이 현상을 설명하였다. 누군가 무엇을 잘 알게 되면 그것을 모르는 상태가 어떤 것인지 상상하기 어렵게 된다는 의미다.

1990년 심리학자 엘리자베스 뉴톤(Elizabeth Newton)은 스탠퍼드 대학에서 간단한 놀이에 관한 연구논문으로 심리학박사 학위를 땄다. 그녀가 연구한 놀이는 실로 단순했다. 실험에 참가한 한 집단은 노래의 리듬에 따라 탁자를 두드리게 하고 다른 한 집단은 그 리듬만 듣고 노래 제목을 맞히는 게임을 하게 했다. 두드리는 사람은 생일 축하노래나 미국국가와 같이 누구나 알고 있는 노래들이 적힌 목록을 받았는데, 그들의 임무는 목록에 적힌 노래 가운데 하나를 골라 노래의 리듬에 맞춰 테이블을 두드리는 것이었다. 듣는 사람은 그들이 두드리는 소리를 듣고 노래의 제목을 맞혀야 했다. 그런데 쉽지 않았다. 이 실험과정에서 들려진 노래는 모두 120곡이었는데 듣는 사람들은 겨우 2.5퍼센트, 즉 단 세 곡밖에 맞히지 못했다. 나도 수업시간에 이 실험을 해보곤 한다. 누구나 알고 있는 친근한 곡을 두드리지만 매년 결과는 비슷하다. 40명 정도의 학생

가운데 내가 두드리는 곡을 맞힌 학생은 한두 명 정도다. 그런데 이 실험결과가 심리학적으로 흥미로운 이유는 따로 있다. 두드리는 사람에게 듣는 사람이 노래의 제목을 맞힐 확률을 짐작해보라고 했더니 평균 50퍼센트 정도가 나왔다. 실제로 정답을 맞힌 확률은 2.5퍼센트에 불과했지만 두드리는 사람들은 가능성을 반반으로 생각한 것이다. 그 이유는 도대체 무엇일까?

두드리는 사람들은 테이블을 두드릴 때 머릿속에서 노래 소리를 듣는다. 하지만 듣는 사람에게는 그 음악이 들리지 않는다. 그들의 귀에 들리는 것은 아무런 의미도 없는 '딱딱' 소리뿐이다. 두드리는 사람은 듣는 사람이 멜로디를 알아맞히지 못하는 것을 보고 황당해한다. 어떻게 이걸 못 맞히지? 이렇게 쉬운 곡을?

일단 정보(노래의 제목)를 알게 되면 두드리는 사람은 더 이상 '알지 못하는' 것이 아니다. 그렇기 때문에 테이블을 두드릴 때, 그들은 상대방이 음악이 아닌 단순하고 단절된 타격음밖에 듣지 못한다는 사실을 이해하지 못한다. 바로 이것이 '지식의 저주'다. 일단 무언가를 알고 나면 알지 못한다는 것이 어떤 느낌인지 상상할 수 없게 되는 것이다. 우리가 아는 정보가 '저주'를 내린 셈이다. 이러한 저주로 인해 우리는 우리의 지식을 타인에게 전달하기 어렵게 된다. 듣는 사람의 입장을 이해할 수 없기 때문이다.

지식의 저주는 우리가 흔히 경험한다. 내 경우처럼 많은 교수들이 이 저주에 걸린 채 강의하고 있을지 모른다. 회사에서 윗사람과 부하직원 간의 소통 과정에서도 마찬가지일 것이다. 의사소통에 문제가 생기는 이유는 여러 가지가 있을 수 있다. 상대방이 경청을 하지 않아서일 수도 있고 대화할 의지가 없기 때문일 수도 있고, 정말 이해력이 떨어지기 때문일 수도 있다. 팀 과제를 수행하면서 논의하는 과정에서 "참 말귀를 못 알아듣네"하고 상대방을 무시하기 전에 바로 내 자신이 지식의 저주에 걸린 것은 아닌지 돌아볼 필요가 있을 것이다.

의사소통 모델

"진심으로 설득하면 통하지 않겠느냐"식의 소통법에 대해 어떻게 생각하는가? "나만 옳다"는 생각이 밑바탕에 깔린 것은 아닐까? 조너선 하이트(Jonathan Haidt) 뉴욕 스턴경영대학원 교수는 <바른 마음>[23]에서 나는 옳고 다른 사람은 틀렸다고 단죄하는 '옳다는 마음(The Righteous Mind)'에 대해 말한 바 있다. 인간은 이성적으로 판단한 후 행동하는 게 아니라 옳고 그름을 먼저 직감한 후 그걸 정당화하기 위해 나중에 근거를 만들어낸다는 것이다.

우리가 사람들을 상대해서 의사소통을 하는 방식은 크게 두 가지로 나눌 수 있다. 나만 옳다는 식으로 소통하는 것과 내가 틀릴 수도 있다는 식으로 소통하는 것으로, 전자는 '일방적 통제모델'이고 후자는 '상호학습모델'이다.[24]

일방적 통제모델

사람들이 대인관계에서 흔히 사용하는 방식은 일방적 통제모델이다. 이들의 머릿속에 있는 가정은 다음과 같다.

① 나는 상황을 제대로 파악하고 있다. 그러나 나와 의견이 다른 사람들은 그렇지 않다.

이런 생각을 갖고 있는 사람은 다른 사람이 자신과 의견이 다를 경우, 그들은 잘못된 정보를 가지고 있거나 판단력이 자신보다 못해서 상황을 제대로 파악하지 못한다고 생각한다. 그러므로 그들이 자신이 판단하고 있는 것을 제대로 이해한다면 그들도 자신의 생각에 동의할 것이라고 보는 것이다.

따라서 이러한 생각을 가지고 있는 사람들은 다른 사람들과 함께 과업의 목적을 결정하기보다는 자신이 혼자 결정하고 다른 사람들이 그것을 수행하도록 한다.

② 내가 옳다, 나와 의견이 다른 사람들은 틀렸다.

이러한 가정은 첫 번째 가정에서 나온 필연적인 결과이다. 당연히, 자신의 주장을 관철시키는 데에만 주력하게 된다. 그렇게 하지 못해 자신의 생각을 바꾸거나 거두어들이면 실패라고 생각한다.

③ 나는 순수한 동기를 가지고 있지만 나와 의견이 다른 사람들은 불순한 동기를 가지고 있다.

자신은 팀이나 조직의 목적에 가장 부합하게 행동하지만, 자신과 의견이 다른 사람들은 자기 이익을 챙기려 하거나 상황에 맞지 않는 동기에 따라 움직인다고 생각한다.

④ 나의 부정적인 감정은 정당한 것이다.

다른 사람들은 현실을 제대로 이해하지 못하기 때문에, 그리고 이런 이해 부족은 부분적으로 불순한 동기에서 나온 것이므로 자신이 그들에게 화를 내거나 부정적 감정을 느끼는 것은 당연하다고 생각한다. 자신의 사고방식 때문에 그런 감정을 갖게 되었을 가능성은 전혀 인정하지 않는다.

이러한 일방적 통제모델의 가정을 가지게 되면, 흔히 자신의 입장만을 내세우고 다른 사람의 논리는 묻지 않게 된다. 그리고 오해와 갈등, 방어적 행동을 불러일으킨다. 이 모두가 근본적으로 자신이 통제권을 장악하려는 시도에서 나오는 결과이다.

상호학습모델

이 모델은 일방적 통제모델의 문제점이었던 통제 의도를 단순히 포기하자는 것이 아니라 사고 자체의 전환을 요구한다. 상호학습모델의 가정은 유효한 정보의 공유, 정보에 근거한 자유로운 의사결정, 결정에 대한 자발적인 참여 그리고 동정심이라는 핵심 가치를 규범으로 삼고 있다. 그 핵심가정들을 살펴보자.

① 내가 관련 정보를 일부 가지고 있으나, 다른 사람들 역시 관련 정보를 가지고 있다.

상호학습모델에서는 자신이 문제의 이해와 해결에 필요한 정보의 일부만을 가지고 있다고 가정한다. 그리고 다른 사람들도 해당 주제에 대해 자신의 사고방식에 영향을 미칠 수 있는 관련 정보를 가지고 있다고 가정한다. 관련 정보에는 자신이 사실이라고 믿는 내용, 견해, 그런 견해에 이르는 사고논리, 느낌 등을 모두 포함한다.

② 우리 각자가 다른 사람들이 보지 못한 부분을 볼 수 있다.

일방적 통제모델에서는 문제가 되는 것이 다른 사람이지 자신이 아니다. 그러나 상호학습모델에서는 자신이 문제의 원인을 제공하고 있으면서도 그 사실을 깨닫지 못하고 있을지도 모른다는 가정을 가지고 출발한다. 자신의 한계를 인정하는 것이다.

이런 가정을 가지고 있으면 자신이 문제에 원인을 제공하고 있다는 것을 다른 사람들이 어떻게 보고 있을지 궁금하게 여기고 이에 대해 질문을 하게 된다.

③ 서로의 차이는 학습을 위한 기회이다.

일방적 통제모델에서는 누군가 자신과 다른 견해를 가지고 있다면 그 견해가 틀렸다고 설득하고 넘어야 할 장애물로 생각하기 때문에 이런 차이들은 무시하거나 최소화하려고 한다. 이런 대응 태도는 모두 자신의 의견을 우위에 두려는 의도이다.

그러나 상호학습모델에서는 의견의 차이를 학습의 기회로 본다. 의견의 차이를 계기로 상대방을 좀 더 깊이 이해하고 다양한 관점을 통합한 해결책을 모색하려고 한다.

④ 사람들은 주어진 상황에서 성실하게 행동하려고 노력한다.

상호학습모델은 사람들이 순수한 동기를 가지고 있다고 가정한다. 자신의 눈으로 볼 때, 사람들이 이치에 맞지 않는 행동을 하거나 찬성할 수 없는 행동을 해도 그들이 불순한 동기에서 그런 행동을 하고 있다고는 생각하지 않는다. 따라서 사람들이 왜 그렇게 행동하는지 그 이유를 이해하려고 노력하는 것이 필요하다.

이러한 가정들은 동정심(compassion)이라는 핵심가치에서 나온다. 여기서 동정심이란 다른 사람에 대해 불쌍한 마음을 갖는 것이 아니라 구성원 중 누군가의 행동에 대해 다같이 책임을 느낄 수 있도록 다른 사람들과 공감대를 형성하는 것을 말한다. 동정심에 바탕을 둔 행동과 생각을 함으로써 다른 사람을 이해하고 입장을 바꿔 생각하는 자세를 가지며 그들을 돕고자 하는 마음을 가지게 된다.

상호학습모델에 의한 대화

이제 위와 같은 상호학습모델에 입각하여 팀 과제를 수행할 때 팀 구성원들과의 대화에서 실제로 어떻게 행동을 해야 할지에 대해 살펴보자.

첫째, 가정과 추론은 검증한다. 이 말은 내가 다른 사람의 행동을 보고 생각한 의미가 그 행동을 한 사람이 자신의 행동에 부여한 의미와 같은지를 당사자에게 물어본다는 것이다. 예컨대, "~이라고 생각하는 것 같은데, 맞습니까?"라고 확인하는 것을 말한다.

사람들은 흔히 다른 사람의 생각이나 행동 가운데 불분명한 부분에 대해서 확인해보지도 않고 판단하는 경향이 있다. 그러나 올바른 상호이해와 신뢰를 위해서는 반드시 확인하는 것이 필요하다.

둘째, 모든 관련 정보를 공유한다. 구성원 각자가 어떤 문제를 해결하거나 의사결정을 하는 데 영향을 줄만한 정보를 가지고 있다면 이러한 정보를 다른 사람에게 모두 알려야 한다는 것이다. 사람들이 정보를 공유함으로써 모두가 정보에 근거한 의사결정을 할 수 있고 자발적인 참여 의식을 일으키는 데 토대가 되는 공통적인 정보의 근거가 마련된다.

흔히 과업에 관련된 내용이나 실질적인 이슈에 대해서는 이야기하면서, 대화하는 상대방을 생각하여 자신의 생각과 느낌은 표현하지 않으려 한다. 그러나 감정의 공유도 중요하다. 그 이유는 다른 사람에 대해 느끼는 감정이 결국 대화의 내용을 바라보는 자신의 시각에 영향을 미치기 때문이다.

셋째, 구체적인 사례를 들어 말하고 중요한 단어는 그 의미를 모두가 동일하게 이해하도록 명확히 정의한다. 사람, 장소, 물건, 사건 등을 설명할 때는 가능한 한 직접 관찰할 수 있는 행동을 사례로 든다. 구체적인 사례는 그와 관련된 정보를 다른 사람들이 정확하게 판단하고 공유할 수 있게 할 것이다.

넷째, 자신의 사고논리와 의도를 설명한다. 일방적 통제모델에서는 자신의 사고논리를 설명하는 것은 다른 사람들이 자신의 논리에 허점을 지적할 수 있고 그래서 대화에서 승리할 가능성이 줄어들기 때문에 문제가 된다.

그러나 상호학습모델에서는 자신의 사고논리를 명확히 설명함으로써 다른 사람들이 자신과 다른 의견이나 접근방법을 가지고 있는 부분은 무엇인지, 그리고 다른 사람은 알고 있으나 자신이 놓치고 있는 부분은 없는지 학습할 수 있는 기회가 생긴다.

다섯째, 자신의 의견을 말한 후 상대방의 의견을 묻는다. 의견제시(advocacy)란 자신이 생각하고, 알고 있고, 원하고, 느끼는 바를 상대방에게 전달하는 것을 의미한다. 반면에 질문(inquiry)은 상대방이 무엇을 생각하고, 알고 있고, 원하고, 느끼는지를 알려고 하는 행동이다.

주장을 내세우기만 하면 자신의 사고논리의 결함에 대해 학습할 기회가 없다. 질문 없이 주장만을 내세우면 다른 사람들은 그에 대한 반응으로 그들의 의견만을 내세우고 그에 대해 자신은 더욱더 자신의 주장을 내세우게 된다. 이렇게 악순환하면서 각자 주장의 강도만 세지고 서로를 설득하려 들기만 한다.

반대로 주장은 하지 않고 질문만 한다면 어떻게 될까? 이 경우 다른 사람들은 자신이 어떤 사고 논리를 가지고 있는지, 왜 그런 질문을 하는지 다른 사람들이 알 수 없으므로 이해를 도울 수 없다. 주장만 한다거나 질문만 하는 것은 모두 대화를 일방적으로 통제하려는 방법이다. 이 경우 사람들은 방어적인 행동을 하게 된다.

이와 같은 상호학습모델의 가정과 행동을 하게 되면 상호이해와 학습이 증진될 수 있다. 자신이 모르는 정보나 사고를 다른 사람들이 가지고 있다고 가정하고 자신이 놓친 부분을 다른 사람은 관찰할 수 있다는 사실을 받아들이기 때문이다. 또한 확실하지 않은 자신의 추측으로 발생할 수 있는 오해와 갈등이 줄어들고 여기에 대한 방어적인 행동도 줄어들 것이다.

그러나 여기서의 요점은 단순히 무엇을 말하고 어떻게 말하는지를 바꾸는 것만으로는 충분하지 않다는 것이다. 창의적인 팀 활동을 위해서는 지금까지의 일방적 통제모델의 바탕에 깔린 사고방식을 바꾸는 것이 중요하다. 이를 위해서는 내가 가지고 있는 가정이나 가치 중에 다른 사람에게 의도치 않은 결과를 초래했던 것들은 무엇인가? 라는 질문을 살펴볼 필요가 있다.

대부분의 사람들은 지나치게 통제적이고 때론 다른 사람들의 감정을 불편하게 여길 뿐만 아니라, 그들의 의견에 귀를 막고 자신의 행동이 타인에게 어떤 영향을 주는지 전혀 모를 뿐더러 그러한 행동이 팀 활동에 얼마나 해가 되는지 역시 전혀 모르고 있기 때문이다.

실습합시다

경청은 다른 사람과 친밀감을 느끼게 해주며 의사소통의 촉매제 역할을 한다. 이제 경청하는 연습을 다음 단계에 따라 해보자.

1단계 : 두 명이 한 조를 이룬다. 대화의 내용은 자유롭게 정하고, 서로 말하고 들으면서 상대방의 경청 태도를 관찰해보자.

2단계 : 약 5분간 대화를 나눈 뒤 각자의 경청 태도에 대해 피드백을 준다.

5장 질문의 힘

지적 호기심이 많은 사람은 질문을 던진다. "왜 그럴까?", "이렇게 볼 수도 있지 않을까?" 그런데 안타깝게도 수업시간에 질문을 하는 학생은 매우 드물다(사실 교수자의 책임이 크다). 모든 창의적 산물은 질문에서 나온다. 이 세상에 멍청한 질문이란 없다. 당연시되는 가정에 대해 도전하는 '멍청한' 질문이 문제의 본질을 꿰뚫을 수도 있고 놀라운 창의적 아이디어의 출발이 될 수도 있다. "왜 선풍기에 반드시 날개가 있어야 하지?" 이처럼 세상을 바꾸는 혁신은 멍청한 질문에서 시작한다.

마을을 변화시킨 질문들

CLTS는 1999년 워터에이드(WaterAid)의 지원을 받는 NGO인 마을교육자료센터(VERC: Village Education Resource Centre)의 협력과 함께 방글라데시의 카말 카(Kamal Kar) 박사에 의해 주도되고 있는 위생설비마련 운동이다. CLTS 사업의 특징은 마을 주민들이 스스로 자신들의 문제를 인식하고 해결방안을 찾도록 돕는 것이다. 그 방식은 매우 흥미로운데, 다음에 나오는 방글라데시의 어느 마을의 사례로 알아보자.

카 박사는 먼저 마을 사람들을 한자리에 모이게 한다. 넓은 공터에 모인 마을 사람들에게 그는 색 가루를 사용해서 바닥에 대략적인 마을 지도를 그리게 한 후 작은 종이 조각으로 각자의 집을 표시하라고 한다.

마을 지도가 완성되면 이제부터 카 박사의 마법과 같은 질문이 시작된다. "자, 여러분 중 오늘 아침에 밖에서 볼일을 본 사람 있습니까?" 사방에서 크게 웃는 웃음소리가 들렸고, 머뭇거리던 사람들 중 몇몇이 손을 든다. 카 박사는

[그림 5-1] 마을 주민들이 마을 지도를 그리는 모습

출처: Global Citizen

볼일을 본 장소에 황색 가루를 뿌리라고 한다. 마을 사람들이 하나 둘 나와 자신이 볼일을 본 장소에 황색가루를 뿌려 위치를 표시할 때 마을은 웃음바다가 된다. 그는 다시 질문한다. "만일 한밤중에 배가 아파서 급히 볼일을 봐야 한다면 어떻게 할까요? 더구나 비가 억수로 내리는 밤이라 멀리 갈 수 없는 상황이라면요." 주민들은 각자 자기 이웃집 뒤로 가서 볼일을 보면 될 거라고 대답한다. 카 박사는 이번에도 황색가루를 사용하여 각자 그 위치를 표시해 보라고 하였고, 마을 지도는 온통 황색가루로 변한다. 그는 다시 질문한다. "만약 홍수로 인해 주변의 배설물이 집안으로 흘러든다면 건강에 어떤 문제가 생길까요?" 마을 사람들은 다시 수군거리더니 설사나 콜레라에 걸릴 수 있다고 대답한다. 그는 그 병명들을 종이에 적어 붙이도록 한다. 길거리 배설물에서 콜레라와 같은 수인성 전염병이 생기지 않도록 하는 것이 문제의 핵심이며 카 박사는 또 다시

주민들에게 그 방법을 묻는다. 여러 가지 대안들이 주민들의 입에서 나오는데 그 가운데 가장 핵심적인 내용인 화장실을 만들어야 한다는 말이 나오고 그것을 커다란 종이 위에 적는다. 이렇게 한바탕 마을 주민들과의 '워크숍'이 끝난다. 3일 후 다시 마을을 방문했을 때 이미 여러 장소에 공동화장실이 들어서 있거나 공사 중이었으며, 어린 아이들은 아침저녁으로 "노상배변 금지"라는 구호를 열광적으로 외치며 캠페인을 한다.

이처럼 CLTS는 기존의 접근 방법과 근본적으로 다른 방법이며, 이전의 농촌 위생 프로그램들이 실패했던 분야에서 뛰어난 성과를 보여주었다. 그 핵심 비결은 카 박사가 주민들에게 던지는 질문들이다. 무엇을 하고, 무엇을 하지 말아야 한다는 외부로부터의 지침 따위는 없다. 주민들에게 계속 질문을 던지고 주민들은 그 질문에 답하는 과정에서 스스로 문제를 인식하게 되며 공동체 자체가 독자적인 결정권을 갖고 스스로 해결책을 찾아나가는 것이다.

질문의 효과

학창시절 궁금한 것이 있어도 선생님께 질문을 한다는 것은 조심스러운 일이었다. 다른 생각을 말하면 그건 단지 '틀린' 생각일 뿐이다. 대학에서도 마찬가지다. 교수님과 다른 생각을 말하거나 질문한다는 것은 학생들에게 커다란 도전이 필요하다. 그러나 윗사람만 말하고 아랫사람들은 받아 적기만 하는 모습을 가진 조직은 어떤 조직이든 3류다.

이건 팀 과제를 수행할 때도 마찬가지다. 질문이 오고가지 않는 과제에서 창의적인 결과물이 나올 확률은 희박하다. 창의적인 결과물이란 모든 팀원들이 당연한 것에 의문을 던지고 도전적인 질문을 활발히 던질 때 가능한 것이다.

질문은 단순히 정답을 구하기 위한 것이 아니다. 위대한 대답은 위대한 질문에서 나온다. 우리는 질문에 대답하는 과정을 통해 자신이 알고 있는 것을 명확히 할 수 있으며, 새로운 관점과 깊이 있는 사고를 발전시킬 수 있다.

창의적 문제해결 과정에서 좋은 질문은 다음과 같은 효과가 있다.

첫째, 질문은 관점을 변화시키거나 다양한 관점을 낳는다. 예를 들면, '어떻게 내가 우리 팀에서 최고가 될 수 있을까?'라는 질문을 '어떻게 내가 우리 팀을 위해 최고가 될 수 있을까?'로 바꾸면 답에 필요한 가정이 '경쟁'의 개념에서 '가치 있는 공헌'의 개념으로 바뀌게 된다. 아이디어 탐색단계에서 효과적인 질문은 아이디어를 촉진할 수도 있고, 관점을 전환시킬 수도 있다. 예컨대, "그들이 진정 원하는 것은 무엇이라고 생각하나요?"와 같은 질문은 목표대상자들의 보다 근본적인 니즈를 생각하게 한다. "만약 당신이라면"이라는 질문도 효과적이다. 예전에 어떤 보험회사에서 다섯 명의 상무들로 구성된 학습팀의 러닝코치를 맡은 적이 있다. 그들이 수행한 과제를 사장에게 보고하기 1주일 전, 이들은 수차례의 수정보완을 했다면서 최종 보고서를 내게 보여주었다. 난 발표를 맡은 사람에게 발표를 하도록 하고 나머지 네 명에게, 자신이 사장이라면 발표내용에 대해 어떤 의견을 던지겠는지 종이에 써보라고 했다. 그랬더니 이들은 보고서가 놓친 핵심 사안들을 날카롭게 지적하는 게 아닌가? 어찌된 일일까? 여러 번 수정과 보완을 했다고 했지만 그건 자신들의 관점에서 나온 보고서였다. "내가 사장이라면?"하고 입장을 바꿔 생각해보니까 사장의 관점에서 바라볼 수 있었던 것이다. 이처럼 적절한 질문은 자신의 관점에만 머무르지 않고 다른 관점으로 바라보도록 하는 데 매우 효과적이다.

둘째, 질문은 생리적으로 뇌를 활성화하고 학습을 촉진한다. 예를 들면, "질문은 학습효과를 높인다."는 문장과 "질문은 어떻게 학습효과를 높일까?"는 문장을 비교해보자. 질문을 받게 되면 우리의 뇌는 답을 찾는 활동을 하게 된다. 즉, 질문은 답을 찾는 과정을 통해 우리의 뇌를 더 자극시키는 것이다.

셋째, 질문은 아직 존재하지 않는 아이디어와 통찰력을 불러내는 초대장과 같다. 예를 들면, '최고 인력을 잃지 않으려면 어떻게 해야 할까?'보다는 '내가 조직에서 정말 일하고 싶을 때는 언제인가? 그 이유는 무엇인가?'와 같은 질문이 창의적인 대안을 찾는 데 보다 도움이 된다. 조직에서 일하고 싶었던 자신의 경험을 생각하면 인재를 잃지 않으려면 무엇이 중요한지에 대해 아이디어를 떠올릴 수 있는 것이다.

마지막으로, 질문은 참여를 촉진시킨다. 질문은 팀 활동이 원활히 이루어질 수 있도록 하기 위해 중요하다. 아무런 질문도 던져지지 않은 채로 토의가 진행된다면 팀원들은 다른 사람들의 의견을 수동적으로 받아들이는 태도와 분위기에 빠질 수 있으며 아이디어의 발전도 기대하기 어렵다. 누군가 질문을 던지면 다른 사람들은 그 질문에 대한 답을 찾는 과정에서 팀원들은 참여적 태도가 더욱 촉진되는 효과가 있다.

중립적인 열린 질문 사용하기

질문의 효과가 모든 질문에 해당되는 것은 아니다. 질문을 어떻게 하느냐에 따라 논의가 활성화될 수도 있지만, 그렇지 않을 수도 있다. 훌륭한 질문은 생각하는 힘과 분석 능력을 끌어올려 주지만, 나쁜 질문은 팀원들의 의욕을 오히려 떨어뜨리며 사고의 발달을 제한하기도 한다.

질문을 잘하는 것은 쉬운 일이 아니다. 질문 자체에 문제가 있기도 하고, 질문하는 방식에 문제가 있는 경우도 있다. 좋은 질문과 나쁜 질문을 구분하면서 좋은 질문을 습득하는 데는 간단한 방법이 있다. 바로 질문을 중립적인 열린 질문으로 하는 것이다.

질문은 닫힌 질문(closed question)과 열린 질문(open question)으로 구분된다. 닫힌 질문은 “예” 또는 “아니요”라는 답변만 허용하는 질문이다. 일반적으로 동의여부나 간단한 확인이 필요한 경우에 많이 쓰인다. 간단한 대답만을 요구하기 때문에 답변을 쉽고 빠르게 끝내는 경우, 또는 자세한 생각을 들을 필요가 없는 경우에 유용하다. 예컨대, “지금 시작해도 될까요?”와 같이 간단하게 물으면 쉽게 대답하고 진행할 수 있다. 그러나 이런 닫힌 질문으로는 상대방이 생각을 제대로 표현하도록 촉진할 수 없다.

반면, 열린 질문은 질문의 범위가 넓어 다양한 대답을 허용하며 자유롭게 대답할 수 있다. 다음의 예를 보자.

1. “현장에게 배운 점이 많았나요?”
2. “현장에서 무엇을 배웠나요?”

비슷한 질문이지만 대답이 전혀 다를 뿐 아니라 열린 질문은 상대방에게 분석적이고 개방적인 사고를 허용해 준다는 사실을 알 수 있다. 대부분의 열린 질문은 중립적이지만 간혹 가치가 부여된 유도 질문인 경우도 있다. 유도 질문(value-loaded question)은 “~이지 않나요?”처럼 상대방이 질문자의 기대대로 답변하기를 유도하는 질문이다. 따라서 유도 질문으로는 상대방이 어떤 생각을 가졌는지 올바르게 판단할 수 없다. 상대방이 어떤 생각을 가졌는지 알기 위해서는 질문에 아무런 가치가 반영되어 있지 않은 중립적 질문(neutral question)을 던져야 한다. 예컨대, "이 문제에 대한 답을 찾으려면 성공 경험을 가진 사람과 인터뷰를 해야 할 것 같은데, 어떻게 생각하나요?"라는 질문보다는 "이 문제에 대한 답을 찾기 위해 어떻게 하면 좋을까요?"라는 중립적인 열린 질문을 던져야 할 것이다. 예전에 입학사정관이었던 어느 교수는 면접관이었던 동료교수가 계속 닫힌 질문을 하면서 유도 질문을 던지는 것을 보고 난감했다고 한다. 닫힌 질문으로는 면접을 보는 그 학생의 생각을 충분히 들을 수 없으며 가치가 부여된 질문을 하면 그 학생은 당연히 그 교수의 기대대로 답변하기 마련이다.

또한 "왜 이것밖에 되지 않는 것이죠?"와 같은 질문은 개방형 질문이지만 다분히 상대방에게 책임을 따지는 것이 의도된 질문이다. 이러한 유형의 질문은 상대방에게 실질적인 도움이 되지 않는다. 상대방을 도와주고 문제를 해결하려는 의도가 담기려면 가치나 책임의 느낌이 담기지 않도록 중립적으로 열린 질문을 던져야 할 것이다. 예컨대, "이것밖에 되지 않는 원인이 어디에 있을까요?" "이 문제를 어떻게 풀면 좋을까요?" 등의 질문이 바람직하다. 상황에 따라 적절하고 좋은 질문을 하는 것이 쉬운 일은 아니지만 대체로 중립적인 열린 질문들은 좋은 질문일 가능성이 크다.

토의 진행을 위한 반응 질문

팀에서 토의를 시작할 때 질문을 던지면 팀원들이 반응하기 시작한다. 토의 내용과 관련된 반응을 하기도 하고 때로는 다소 불분명한 반응을 하기도 한다. 심지어 아예 논의와 무관한 반응을 하는 사람들도 있을 수 있다. 이때 반응 질문을 적절히 사용하면, 토의를 보다 효과적으로 진행할 수 있다. 예를 들어 어떤 팀원의 말이 옳지 않다고 생각하는 경우, "그 의견은 옳지 않은 것 같습니다" 식의 반응은 팀원들의 의견 제시를 주저하게 만들고 토의 분위기를 가라앉힐 것이다. 활발한 토의를 위해서는 다른 팀원들의 의견을 존중하고, "그것이 중요한 이유는 무엇입니까?"와 같은 질문을 통해 팀원들이 다양한 관점을 표현하도록 촉진하는 좋다. <표 5-1>은 다양한 상황에서 활용할 수 있는 반응 질문들이다. 상황별로 효과적인 반응 질문들을 던지면 보다 생산적인 토의진행이 이루어질 수 있을 것이다.

표 5-1 | 반응 질문

상황	적절치 못한 반응	효과적인 반응	질문유형과 목적
발표자의 말이 옳지 않은 경우	"그 의견은 옳지 않은 것 같습니다."	"그것이 중요한 이유는 무엇입니까?"	직접적 규명 (자극하기 위해)
당신이 발표자의 말을 이해하지 못하며, 다른 사람들도 이해하는지 확신하지 못하는 경우	"무슨 말인지 이해가 가지 않습니다."	"~ 때문에 그것이 중요한 것입니까?"	간접적 규명 (발표자가 명백히 설명할 방법을 알려주기 위해)
다른 사람들이 발표자의 말을 이해하지 못하나, 당신은 이해하는 경우	"이 사람의 말을 제가 여러분께 설명해 드리겠습니다."	"지금 한 말은 ~처럼 들리는군요. 그렇지 않습니까?	확인질문 (당신이 이해한 것을 명확히 설명하기 위해)

상황	적절치 못한 반응	효과적인 반응	질문유형과 목적
적절한 해결안이 간과된 경우	"우리가 ~을 해야 할 것 같군요."	"~측면에서도 해결안을 찾는다면 무엇을 할 수 있을까요?	관점전환질문 (다른 해결안을 찾기 위해)
발표자가 현재의 논의와 상관없는 것을 말하는 경우	"그 말은 지금 진행 중인 논의와 관계가 없습니다. 자, 넘어갑시다."	"좋은 지적입니다. 그것을 문제점 목록에 적어 놓고, 다시 ~를 알아볼까요?"	방향재설정 질문 (논의의 원래 논점을 찾기 위해)
토의가 정체된 경우	"다음 주제로 넘어가도록 합시다."	"지금까지 a, b, c,를 알아봤는데요, ~을 위해 그밖에 할 수 있는 것은 무엇일까요?"	촉구질문 (학습자들이 논의를 계속 진전시키도록 돕기 위해)

출처: 고수일, 김형숙, 김종근 역(2009)[25]에서 일부 수정.

과제 진행을 위한 단계별 질문

팀을 구성해서 과제를 진행할 경우, 팀원들은 질문을 통해 자신들의 과제 진행을 효과적으로 진행할 수 있다. 즉, 과제 수행 단계별로 해야 할 일들을 리더가 일방적으로 지시를 하거나 이끌기보다는 질문을 통해 팀원들이 스스로 답을 찾을 수 있도록 촉진할 수 있다.

팀 빌딩 과정에도 질문은 매우 효과적이다. 예를 들면, "과제 수행 과정에서 여러 가지 어려움을 겪을 수 있는데, 그러한 난관을 극복하게 하는 우리 팀의 강점은 무엇인가요?"라는 질문은 팀 구성원들로 하여금 팀에 대한 긍정적인 시각을 갖게 하여 팀 활동에 몰입하도록 독려할 수 있다.

그밖에 과제를 진행하면서 활용할 수 있는 질문의 예는 다음 <표 5-2>와 같다. 각 단계에서 의도적으로 그러한 질문을 시도한다면 토의가 더욱 활성화되고 창의적인 아이디어가 촉진될 것이다. 그리고 이러한 질문이 활발하게 이루어지려면 질문과 다양한 사고를 환영하는 팀원들의 개방적 태도가 중요할 것이다.

표 5-2 | 단계별 질문의 예시

단계	질문
팀 구성	• 어려움에 부딪혀도 우리가 포기하지 않도록 에너지와 용기를 주는 것은 무엇일까? • 우리의 강점은 무엇인가? • 우리의 역량을 강화시킬 수 있는 방법은 무엇인가? • 팀을 하나로 만들려면 무엇을 해야 할까?
과제의 범위를 조정하고 파악할 때	• 우리가 궁극적으로 성취할(성취하고 싶은) 일은 무엇인가? • 우리 과제의 구체적인 결과 이미지는 무엇인가? • 우리 과제에서 가장 중요하다고 생각하는 요인은 무엇인가? • 우리가 살펴볼 수 있는 또 다른 측면은 무엇일까?
계획 및 목표를 설정할 때	• 그것을 달성하는 최선의 방법은 무엇인가? • 다른 방법은 없을까? • 우리는 과제를 어떻게 수행해 나가야 한다고 믿는가? • 왜 그것을 해야 할까?(왜 그것이 중요한가?) • 우리가 할 수 있는 일은 무엇일까? • 계획대로 진행될 경우, ~의 미래는 어떤 모습이 될까? • 왜 이것(이 과정)이 중요한가?

단계	질문
탐색이나 분석을 촉진할 때	• 이러한 현상이 발생하는 원인이 무엇일까? • ~라고 말했는데, 그 이유가 뭐라고 생각하나? • 이것은 결국 어떤 영향을 미칠까? • 그렇게 한다면 어떤 결과가 발생할까? • 그들이 (진정) 원하는 것이 무엇일까? • ~을/를 위해 우리가 살펴보아야 할 사항들은 무엇인가?
학습을 유도할 때	• 그 대안의 장단점은 무엇인가? • 그것을 실행한다면 어떤 장애요인(어려움)을 예상할 수 있을까? • 그 장애요인을 어떻게 극복할 수 있을까? • 그러한 결론이 기초로 하는 가정은 무엇인가? • 그 가정이 옳다는 것을 어떻게 알까? • 어떤 결론을 이끌어 낼 수 있을까? • 그 사실은 무엇을 시사(의미)하는가? • 우리가 알아야 할 것은 무엇인가? • 그것을 뒷받침할 수 있는 이론적 근거는 무엇인가? • 그것을 확인하기 위해 무엇을 학습해야 할까?
새로운 시각을 촉진할 때	• 왜 그렇게 생각하는가? • 그 문제를 다른 관점에서 본다면? • 만일 ~한다면 어떻게 될까? • 우리가 생각할 수 있는 다른 대안은 무엇일까?
과제 마무리 이후에 성찰할 때	• 과제를 수행하면서 무엇을 배웠나? • (그러한 경험을 통해) 우리가 배울 점은 무엇인가? • 어떤 성과를 얻었다고 생각하는가? • 그 대안이 어떤 점에서 실질적으로 도움이 될 것이라고 생각하는가?

단계	질문
	• 당신은 이 과제에 어떻게 기여했는가? • 이 과제를 다시 시작한다면 바꾸고 싶은 점은? • 과제 목표를 충분히 달성했다고 생각하는가?(예/아니요) 어떤 점에서 그런가? • 그 과제를 해결하기 위해(그 결과물을 얻기 위해) 살펴본 점은 무엇인가? • 과제 수행 과정이나 결과물에서 잘했던 것이 무엇인가? • 도출된 해결안이 질적으로 어떻다고 생각하는가? • 과제가 우리의 학습에 도움이 된 것은 무엇인가?(가장 가치 있는 학습은 무엇이었나?) • 과제를 통해 배운 학습을 어디에 적용할 수 있을까?

참고: 최정임, 장경원(2010)[26]; Marquardt (2006)[27]; 고수일, 김형숙, 김종근 역(2009).

실습합시다

다음에 제시된 질문을 중립적인 열린 질문으로 바꿔 보자.

1. 현장 책임자와의 인터뷰는 잘 진행되었나요?
2. A보다는 B가 보다 근본적인 원인이라고 볼 수 있지 않을까요?
3. 왜 이 정도밖에 못했나요?
4. A가 다른 요인들보다 더 중요하다고 생각하는데, 어떻게 생각하나요?
5. 이렇게 할 경우 결과가 좋을 것이라고 생각하나요?

[정답: p. 74]

중립적인 열린 질문으로 바꾸기 정답

1. 현장 책임자와의 인터뷰는 잘 진행되었나요?

⇨ **현장 책임자와의 인터뷰에서 무엇을 배웠나요?**

2. A보다는 B가 보다 근본적인 원인이라고 볼 수 있지 않을까요?

⇨ **가장 근본적인 원인은 무엇인가요?**

3. 왜 이 정도밖에 못했나요?

⇨ **무엇을 더 보완해야 할까요?**

4. A가 다른 요인들보다 더 중요하다고 생각하는데, 어떻게 생각하나요?

⇨ **가장 중요하다고 생각하는 요인은 무엇인가요?**

5. 이렇게 할 경우 결과가 좋을 것이라고 생각하나요?

⇨ **이렇게 할 경우 어떤 결과를 예상할 수 있을까요?**

제 2 부

창의적 문제해결 프로세스

6장 팀 프로젝트 수행의 기초 도구

창의적 문제해결에서 말하는 '문제'란 뭔가 잘못된 상태만을 말하지 않는다. 어떤 변화를 통해 개선될 수 있는 것들은 모두 문제라고 말할 수 있다. 조직의 문제점을 개선하는 것도 문제고, 잠재 수요자가 원하는 기능을 가진 물건을 개발하거나 서비스를 제공하는 것도 문제이며, 환경이 주는 기회를 잘 살릴 수 있는 것도 문제라고 할 수 있다. 이러한 문제를 창의적으로 해결하기 위해서는 수많은 발산적 사고와 수렴적 사고 과정이 필요하다. 이러한 과정을 효과적으로 수행하기 위한 문제해결 단계와 기초 도구들에 대해 알아본다.

창의적 문제해결 단계

창의적 문제해결이란 새로운 아이디어를 동원하여 만족스럽지 못한 어떤 상황을 개선하거나 새로운 것을 창조하는 것을 의미한다. 창의성의 가치는 독창적인 아이디어를 내는 것으로 충분하지 않다. 창의적인 아이디어를 기초로 실제로 문제해결이나 유용한 결과물로 이어져야 창의성의 가치가 있을 것이다.

우리 학생들은 초등학교에서 대학교육에 이르기까지 정보를 축적하고 정답을 찾는 데에만 주력해왔다. 문제해결 절차를 중시하는 수학의 경우에도 일정한 공식에 대입하여 문제를 해결하는 방식이었다. 비구조화된 문제를 접하고 이 문제해결을 위해 어떻게 접근할 것인지에 대해서는 거의 배운 적이 없다. 그 결과, 문제해결 과정이나 아이디어를 유용한 형태로 다듬는 데에 익숙하지 않다. 예컨대, 해결안이 고정관념의 산물인 경우도 흔하고, 어떤 해결안에 담겨있는 가정에 대해 의문을 던져보는 시도를 해본 학생은 거의 없을 것이다. 앞에서 언급했듯이, 문제 해결을 위해서 질문이 효과적이란 말도 생소하게 느껴질 것이다.

창의적 문제해결은 수많은 발산적 사고와 수렴적 사고를 거치는 과정이다. 공부를 잘하거나 머리가 좋다고, 창의성만 높다고 문제해결을 잘하는 것이 아니다. 논리, 분석의 능력을 지배하는 좌뇌도 필요하고 발상의 전환을 담당하는 우뇌도 필요하다. 하나의 문제를 해결하는 과정에는 언제나 두 가지 사고가 모두 필요하다. 상황을 분석하고 정의하는 일, 자료를 수집하여 원인을 분석하고 구조화하는 부분에서는 주로 논리적 사고가 요구된다. 이후 발산적 사고를 통해 창의적인 아이디어를 도출한 후 현실적으로 타당한 해결안을 위해 아이디어를 다듬은 후 최선의 결과물을 결정하게 된다. 그래서 창의융합적 사고를 개발하기 위해서는 실제 문제를 던져주고 해결안을 제시하도록 하는 것이 최고의 방법이다.

창의적 문제해결이나 결과물을 위해서는 몇 가지 단계를 거친다. 문제해결 방법론에 따라 약간씩 단계나 이름이 다르지만 핵심적인 내용은 비슷하다. 문제가 무엇인지 명료화하거나 정의를 내린 후, 관련 정보들을 수집하고, 이를 기초로 아이디어를 구상한 후, 해결안 도출 및 검증의 단계를 거친다. 이러한 단계는 순차적으로 일회성으로 진행되고 완료되는 것이 아니라 반복적 실행 혹은 피드백 과정을 거쳐 좀 더 완성도 높은 결과물을 얻게 된다. 그 내용을 하나씩 간단히 살펴보자.

문제 정의 : 어떤 문제를 해결하거나 새로운 제품을 창조하려고 할 때 가장 먼저 해야 할 일은 그것이 무엇인지를 구체적으로 정의하는 일이다. 어떤 문제가 우리 앞에 놓여있는지, 왜 그 문제를 해결해야 하는지, 그 문제와 관련된 현재 상태가 어떠하며, 그것이 지향하는 목표 상태는 무엇인지 등을 밝히는 것이다. 이렇게 문제를 제대로 정의하게 되면, 이는 이후의 문

제해결 과정에서 원하는 상태의 결과물을 위한 가이드 역할을 하게 된다.

정보 수집 : 문제해결에 필요한 자료와 정보를 수집 및 분석하는 단계이다. 문제와 관련된 정보를 얻기 위해 잠재 수요자나 문제와 관련된 이해관계자들을 대상으로 인터뷰, 설문 조사 등을 실시하거나 관련 자료들을 충분히 수집한 후 분석한다.

아이디어 구상 : 수집된 정보들을 기초로 문제를 해결하기 위한 아이디어들을 도출하는 단계이다. 자유로운 분위기 속에서 다양한 아이디어 도출방법을 통해 팀원들의 창의적인 아이디어들이 촉진될 수 있도록 해야 한다.

해결안 도출 및 검증 : 지금까지 도출된 아이디어를 일정한 기준에 의해 평가를 한 후 실행 가능한 아이디어를 선별하게 된다. 선별된 아이디어는 프로토타입의 형태로 제작하여 의도했던 결과물이 되었는지를 잠재 수요자를 대상으로 검증한다. 이 과정에서 첫 단계에서 정한 목표상태가 달성되었는지를 판단한다. 만약 목표한 내용대로 달성하지 못했다면 테스트 과정에서 나온 피드백을 토대로 프로토타입을 수정 및 보완하여 새로운 프로토타입으로 검증한다.

[그림 6-1] 창의적 문제해결 단계

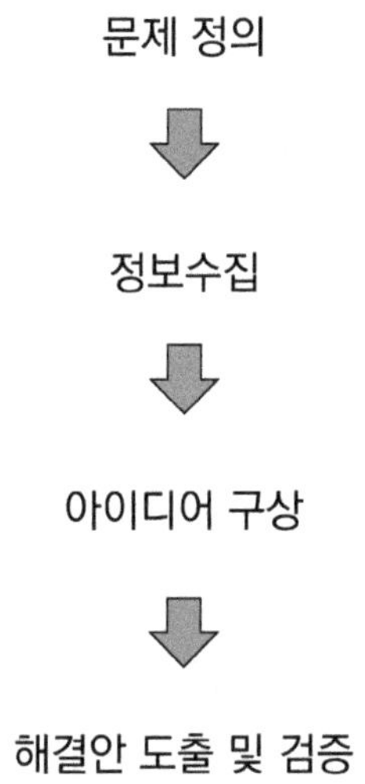

문제 정의

정보수집

아이디어 구상

해결안 도출 및 검증

아이스 브레이크

오래전에 어떤 교수법 강의에서 배운 방법이 있다. 우리 한국 사람들이 표현을 적극적으로 하지 않는데, 이런 상태에서는 어떤 질문을 하든 아무도 반응하지 않기 때문에 이런 질문부터 한다고 한다. "오늘 여기 오실 때 어떻게 오셨나요? 먼저, 자가용으로 오신 분 손들어 주세요..... 버스타고 오신 분?..... 가까워서 걸어서 오신 분?...." 이렇게 모든 사람이 한 번씩 손을 들게 되면 참여적 행동이 촉진되어 그 다음의 질문에도 자신의 생각을 점점 표현하게 된다는 것이다. 이런 방식이 바로 아이스 브레이크(Ice-Break)이다.

아이스 브레이크는 '마음열기'로 서먹한 분위기를 깨고 활기찬 분위기를 만들기 위한 활동이다. 창의적 과제 활동은 팀 구성원들의 적극적인 참여에 의해 진행되는 것이므로 팀원들이 서로 친근하고 편안함을 느끼게 하는 것이 중요하다. 따라서 팀에서의 토의나 팀 활동을 시작하기 전에 가벼운 아이스 브레이크는 효과적일 수 있다.

일반적으로 다음과 같이 구성원들이 자유롭게 자신의 의견을 이야기하는 것이 어색하고 부자연스러운 상황에서 아이스 브레이크를 권장한다.

- 팀원들이 서로 잘 모르는 경우
- 팀원 대부분이 자유로운 토의에 익숙하지 않은 경우
- 분위기가 경직되어 있거나 가라앉은 경우

그러나 이 같은 상황이 아닌 경우 토의 때마다 토의 주제와 무관한 아이스 브레이크를 의무적으로 하는 것은 바람직하지 않다. 오히려 토의를 산만하게 할 우려가 있기 때문이다. 학교 수업의 경우라면, 학기의 첫 수업시간에 한 번, 그리고 학기의 중간 정도에 수업 분위기 전환이 필요할 경우에 과도하지 않은 범위에서 아이스 브레이크를 하는 것이 적절해 보인다.

아이스 브레이크 원칙은 다음과 같다.

- 가벼운 동작으로 할 수 있는 것을 선택한다.
- 최대 5분이 넘지 않도록 한다.

- 참석자들의 나이, 분위기, 성격, 특성에 어울리는 것을 한다.
- 가능하면 토의 주제와 연관시킨다.

아이스 브레이크 방법으로는 간단한 게임을 하거나, 퀴즈, 현재 자신의 대표 감정을 말하는 감성 나누기, 상대방 어깨 주무르기, 자기소개 등을 할 수 있다. 토의 주제와 연관된 아이스 브레이크라면 더욱 좋다. 예컨대, 문제해결 초기단계라면 "창의성은 마치 (   )와 같다. 왜냐하면~"의 문장을 주고, 한 사람씩 돌아가면서 괄호 안에 물건이나 과일 단어를 말하는 식이다.

특히 수업 첫 시간의 아이스 브레이크 활동으로는 자기소개가 적절할 것이다. 가장 간단한 아이스 브레이크 방법이기도 하고, 팀 중심의 활동이 이루어지기 전 팀원들이 서로를 소개하고 알기 위해 수행해야 하는 가장 기본적인 단계이기도 하다. 자기소개는 교수자와 학생, 전체 학생, 팀 구성원 간에 모두 이루어질 수 있도록 한다.

자기소개를 위한 네임텐트(name tent) 만들기

포럼이나 세미나에서 흔히 볼 수 있는 발표자 명패를 A4 용지로 쉽게 만들 수 있다. 텐트모양을 하고 있기 때문에 네임텐트라 하며, 많은 워크숍에서 활용하고 있다. 네임텐트는 접힌 선대로 다시 펼칠 수 있으므로, 수업이 끝나면 교재 사이에 넣어 보관하여 다음 수업시간에도 다시 사용할 수 있다. 교수자와 학습자가 서로의 이름을 기억하는 데도 유용하다.

* 만드는 법

① A4 용지를 3등분한 후 지지대 역할을 할 수 있도록 한 쪽 끝을 조금 접는다.

② 접힌 선을 이용하여 그림처럼 삼각형의 텐트모양을 만든다.

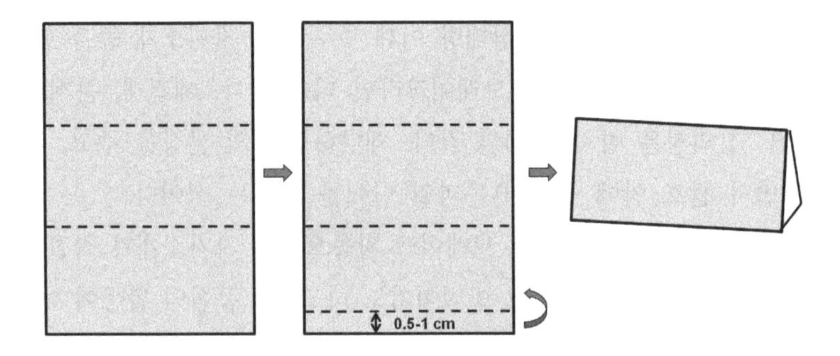

③ 앞면의 중앙에 자신의 이름을 쓰고, 네 귀퉁이에는 자신을 소개할 수 있는 내용을 쓴다. 교수자 혹은 팀 리더는 자기소개에 필요한 내용을 작성하도록 안내한다.

④ 네임텐트가 완성되면 다른 사람이 잘 볼 수 있도록 네임텐트를 책상 위에 올려놓고, 한 사람씩 자기소개를 한다.

팀 빌딩

팀 과제를 위한 학습팀들을 어떤 방법으로 편성하는 것이 좋을까 고민하는 교수들이 많다. 나의 경우 예전에 중간시험 성적 순서대로 팀을 구성한 적이 있다. 1등부터 4등까지는 1조, 5등부터 8등까지 2조...식이었다. 그리고 상위 성적자들이 모여 있는 1, 2조의 팀들을 은근히 기대했다. 훌륭한 작품이 나올 것이라는 기대였다. 그러나 웬걸! 최종 결과물 발표를 보니 성적과는 전혀 관계가 없었다. 오히려 가장 뛰어난 결과물을 보여준 팀은 중간시험 성적이 아래쪽에 있던 팀이었다. 늘 활기가 넘쳤던 훌륭한 팀워크가 그 비결 가운데 하나가 아니었을까 생각했다.

성공적인 창의적 팀은 구성원 개개인들이 얼마나 창의적이거나 유능한가와 크게 관계가 없다. 그보다는 팀원들이 가지고 있는 다양한 지식 및 관점들의 융합과 창의력을 극대화하고 시너지 효과를 기대하기 위해서는 팀워크가 중요하다. 팀 빌딩(team building)은 팀을 이루어 함께 하는 일을 성공적으로 수행하기 위해 팀워크를 형성하는 활동이다. 팀 빌딩을 통해 팀원들은 주어진 상황과 팀의 활동과정을 이해하고 팀 활동의 규범을 공유하여 팀의 효율성을 높일 수 있게 된다. 과제 팀원들이 서로 서먹서먹해서 팀 분위기가 활기차지 않거나, 함께 뭔가 해 보자는 팀 분위기가 이루어지지 않은 상태에서 팀 과제가 성공적으로 수행되기는 어려울 것이다.

팀 빌딩으로는 팀 이름 만들기, 기본 규칙(ground rule) 만들기 등의 활동을 할 수 있다. 기본 규칙은 팀 구성원들이 어떻게 활동할 것인지에 대해 서로 약속하고 분위기를 만들어 나가는 활동이다. 이는 어느 한 사람이 정하는 것이 아니라 팀원들이 자발적으로 정하는 것이 좋다. 사람은 타인에 의해 요구되는 규칙보다는 자발적으로 제안하고 정한 규칙을 지키려는 성향이 있기 때문이다. 기본 규칙은 집단의 활동을 촉진할 수 있으며, 일부 팀원들이 무임승차하는 것을 방지하는 효과가 있다. 기본 규칙은 서로를 격려하면서 활발한 참여를 도모하기 위한 장치라고 할 수 있다.

기본 규칙이 실질적인 효과를 내기 위해서는 구체적일 필요가 있다. '적극적으로 참여하기'나 '항상 즐거운 마음으로 하기'처럼 포괄적이거나 추상적인 표현보다는 '모임에 올 때는 생각을 미리 메모해 와서 토의에 임하기' '토의 중 최소한 한 번 이상 다른 사람 칭찬해 주기' 식으로 구체적으로 정하는 것이다.

만약 여러 개의 팀이 동시에 과제를 수행한다면 팀별로 결정된 팀 이름, 기본 규칙 등을 다른 팀 앞에서 발표할 수 있는 기회를 주는 것도 팀워크에 효과적이다. 온라인 커뮤니티를 마련한다면 팀 빌딩을 비롯하여 팀의 과제 활동을 온라인 공간에 게시하도록 한다면 팀 활동이 더욱 활기차게 진행될 수 있을 것이다.

다양한 팀 기본 규칙들

- 자신이 맡은 역할에 충실히 임한다.
- 준비를 충분히 해 온 후 팀의 논의에 참여한다.
- 온라인 게시판에 일주일에 한 번 이상 방문하여 의견을 올린다.
- 주 단위 보고시간은 매주 수요일 오후 10시로 한다(유동성 있음).
- 적어도 정해진 시간, 날짜에는 게시판에 접속한다.
- 월요일 11시부터 1시, 수요일 오후 10시 이전에 게시판에 접속(문제해결부분)한다.

- 토의에 불참 시 벌점 1점, 벌금 1,000원을 부과한다.
- 오프라인 모임은 그 주의 토론 사회자가 필요하다는 판단을 내렸을 경우 구성원들과의 합의를 통해 정할 수 있다.
- 각 구성원들에 대한 평가는 최대한 객관적으로 한다.
- 우리 그룹의 주요한 학습활동 평가기준은 출석률, 참여율, 과제해결에 대한 기여도다.
- 각자 맡은 과제는 다른 구성원들이 알기 쉽게 정리하여, 출력해온다.
- 자료는 구성원 수만큼 복사해서 가져온다.

명목집단법

팀 토의를 보면 말하는 사람만 말하는 모습을 흔히 볼 수 있다. 속된 말로, 수다쟁이가 토의를 지배한다. 회사 같은 곳에서 다양한 직급의 사람들이 모여 토의를 하면 직급이 토의를 지배하기도 한다. 모든 사람이 토의 과정에 참여하고 의견을 공평하게 내는 좋은 방법이 없을까?

팀 활동에서 이루어지는 의사결정과 아이디어 도출은 명목집단법(Nominal Group Technique: NGT) 방식이 효과적이다. 명목집단법은 집단 구성원으로부터 아이디어나 정보를 모으는 구조화된 절차로, 집단의 모든 구성원이 다른 구성원의 영향을 받지 않고 자신의 아이디어를 표현할 수 있는 방법이다. 명목집단법을 활용함으로써 개개인은 집단 속에 있지만 개별적으로 일하는 것이다. 명목집단법은 집단에서 토의를 하기 전에 토의에 참가한 참가자 개개인이 다른 사람과 이야기하지 않고(침묵 속에서) 토의 주제에 대한 자신의 생각을 노트나 분임토의 양식 또는 카드 등에 정리할 수 있도록 일정한 시간을 부여하는 방법이다. 이 방법을 명목집단법이라 부르는 이유는, 다른 사람과 이야기하지 않고 각자 작업하는 동안은 명목상으로는 집단이지만 실제로는 개인적으로 작업하고 있기 때문이다.

1975년 명목집단법이 처음 제안되었을 때는 3" × 5" 크기로 종이를 잘라 사용했지만, 현재는 포스트잇을 활용한다. 명목집단법을 이용하면 다음과 같은 효과가 있다.

- 더 많은 아이디어 촉진
- 모든 구성원들의 균등한 발언기회 제공
- 지위로 인한 합의 압력 및 경쟁적 분위기 감소
- 이슈에 대한 구성원들의 활발한 논의 유도
- 아이디어에 대한 우선순위를 민주적으로 정할 수 있게 함

출처: CDC (Ed.). (2006). Gaining Consensus Among Stakeholders Through the Nominal Group Technique. Evaluation Research Team.

이처럼 명목집단법을 실시할 경우 전원이 아이디어를 제시하면서 토의에 참가할 수 있으며, 아이디어를 쉽게 정리할 수 있다. 명목집단법의 절차는 다음과 같다.[28]

① 사회자는 토의 주제가 무엇인지 명확히 안내한다.
② 주제에 대한 자신의 의견이나 아이디어를 각자 포스트잇에 적는다. 이

때 아이디어를 생각해서 적을 수 있도록 3~5분 정도의 시간을 주며, 이 시간에는 서로 상의하거나 떠들지 않는다. 아이디어를 작성할 때는 가독성과 이동성을 높일 수 있도록 다음의 사항을 따른다.

- 포스트잇 한 장에는 한 가지의 개념, 단어, 아이디어만 적는다.
- 모두가 볼 수 있도록 네임펜, 칼라펜 등을 사용하여 굵은 글씨로 적는다.
- 모두가 잘 읽을 수 있도록 인쇄체로 크게 적는다.
- 팀별, 주제별로 색깔을 구분할 필요가 있을 때는 색깔을 구분하여 적는다.

③ 각각의 의견이 적힌 포스트잇을 직접 벽이나 큰 종이에 붙인다. 이때 특정 의견이 누구의 것인지 밝히지 않는다.

④ 비슷한 내용끼리는 합치면서 내용별로 분류한다. 이때, 팀 리더는 나열된 아이디어 중 뜻을 이해하기 어려운 것은 제안자의 설명을 들어 명료하게 조정한다. 기록된 모든 의견을 공유하며 논의한다.

⑤ 제안된 아이디어들에 우선순위를 묻는 투표를 하여, 최종적으로 가장 많은 점수를 얻은 것을 선택한다. 투표 시 다음의 사항을 따른다.

- 팀원들은 가장 바람직한 아이디어가 적힌 포스트잇에 스티커를 붙이거나 도형을 그려 투표를 한다.
- 1인당 가능한 적정 투표 수는 상황에 따라 적절하게 정하지만, 많은 경우 '(전체 아이디어수/2)－1개' 또는 '전체 아이디어 수/3개'로 멀티보팅(multi－voting)한다.

[그림 6-2] 명목집단법에 의해 의견을 제시하는 모습

유목화

자료수집과정에서 많은 정보를 얻게 되고 아이디어 도출 과정에서도 아이디어가 쏟아져 나온다. 이들을 체계적으로 정리하고 이들로부터 핵심 키워드나 콘셉트를 도출하는 방법 가운데 하나가 바로 유목화다. 유목화는 명목집단법에 의해 포스트잇이나 카드에 기록된 정보나 아이디어를 유사한 것끼리 분류하는 것이다.

유목화는 다음과 같은 절차로 진행될 수 있다.

① 참석자들이 아이디어들을 포스트잇에 적는다.
② 아이디어 작성을 마치면 그중 하나의 아이디어를 큰 전지의 한쪽 끝에 붙인다.
③ 나머지 아이디어를 차례로 하나씩 붙이면서 앞에 붙인 아이디어들과 같은 분류로 볼 수 있으면 그 아래에, 다른 내용의 분류로 볼 수 있으면 그 옆으로 붙여나간다. 이러한 과정에 모든 팀원들이 함께 참여한다.
④ 모든 아이디어를 부착·게시하면 진행자는 유사한 아이디어들을 포괄하는 키워드를 적어 제일 위에 붙인다. 이때 진행자가 키워드를 도출하여 적을 수도 있지만 가능하면 다른 팀원들의 의견을 반영하여 키워드를 정하는 것이 바람직하다. 키워드를 적은 포스트잇은 [그림 6-4]처럼 마름모 모양이 되도록 45도 회전하여 붙이면 하위 내용들과 구분되어 시각적으로 명료해지는 효과가 있다. 또한 팀원들이 사용한 것과 다른 색깔의 포스트잇을 사용하면 키워드와 의견을 구분하는 시각적 효과를 줄 수 있다.
⑤ 내용을 정리한 다음, 전체 참가자에게 추가할 의견이 있는지 묻고, 만일 추가할 의견이 있다면 의견을 추가로 기록하여 부착한다.
⑥ 도출된 아이디어 중 몇 가지를 선택해야 할 경우에는 아이디어를 모두 정리한 후 투표용 스티커를 이용하여 중요하다고 생각되는 것에 투표한다.

[그림 6-3] 아이디어 유목화하기

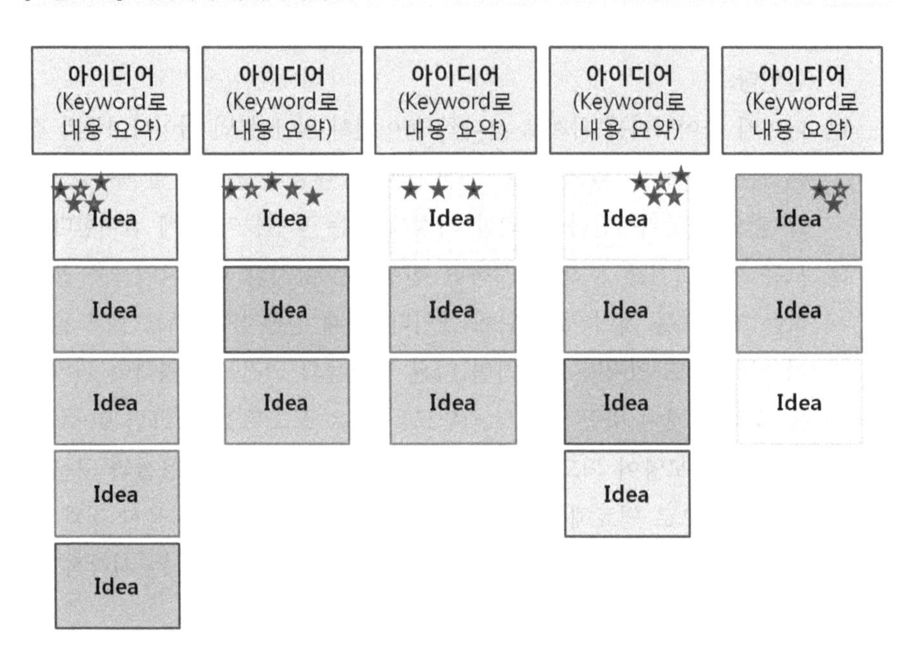

이렇게 유목화를 하면 흥미로운 결과를 보게 된다. 어떤 방안에 대한 아이디어를 유목화할 경우, 유목화로 도출된 항목들은 그 방안이 포함하고 있는 실행분야나 주제를 보여주기도 한다. 예컨대, [그림 6-4]는 교사들이 "무엇을 하면 교사와 학생이 의사소통을 잘할 수 있을까?"란 질문을 가지고 아이디어를 도출한 유목화를 한 결과다. 대화주제 제시, 학생이해, 사고력 신장, 표현력 신장이라는 핵심주제들이 도출되었고, 팀원들은 도출된 핵심주제를 중심으로 문제해결방안을 고민하게 된다.

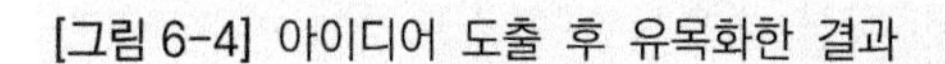
[그림 6-4] 아이디어 도출 후 유목화한 결과

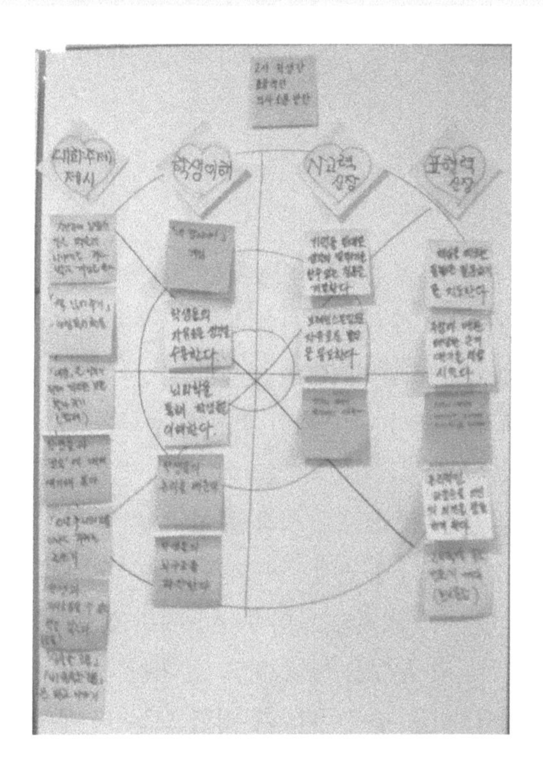

어떤 경우엔 유목화 결과로 나온 키워드들이 문제해결의 프로세스를 보여주기도 한다. 예전에 교수자들을 대상으로 수업 잘하는 방법에 대한 아이디어를 도출한 후 유목화를 실시한 적이 있다. 그 결과, 수업 전 준비사항, 수업 진행전략, 수업 후속 조치 등의 프로세스로 키워드가 도출되어, 이들 수업단계별 실행전략을 논의할 수 있었다.

자료수집 후에도 유목화가 매우 유용하다. 문제해결에 도움이 되는 자료를 수집하고, 이들 자료를 참고로 팀원들이 핵심 내용들을 포스트잇에 한 장씩 쓰고 유목화를 하면, 문제해결을 위한 키워드나 콘셉트를 도출할 수 있다.

성찰

요즘 대학생들은 스펙을 위해 자원봉사를 비롯한 많은 활동을 한다. 그리고 그러한 활동들을 자기소개서에 작성한다. 정말 화려하다. 내가 학생 시절로 돌아가도 그렇게 자기소개서를 채울 수 있을지 자신이 없다. 그런데 가만히 들여다보면 뭔가 부족해 보인다. 이런저런 활동과 경험을 했는데 도대체 그러한 활동들을 통해 무엇을 배우고 자신의 성장에 어떤 영향을 미쳤는지에 대해 성찰한 내용은 보이지 않는다. 심하게 말하면, 많은 사실과 사건을 열거만 했을 뿐이다. 가끔 내가 외부에 나가 면접관이 되는 경우가 있는데, 이럴 때 즐겨 던지는 질문이 있다. 예컨대, 지원자가 이런저런 기획을 주도한 적이 있다고 하면, "다시 그 일을 한다면 무엇을 달리 하고 싶나요?" 또는 "그 경험에서 후회하는 점은 무엇인가요?"라는 질문이다. 그 경험으로부터 무엇을 배우고 깨달았는지를 묻는 질문이다. 경험에서 배울 거리를 찾지 못한다면 그것은 그 사람에게 가치 있는 경험이라고 말하기 어려울 것이다.

해머와 스탠톤(Hammer & Stanton)[29]에 따르면 조직과 집단은 여러 가지 모습으로 실패를 하는데, 이러한 실패의 원인에는 한 가지 공통점이 있다. 성찰이 없었다는 점이다. 리더십 분야의 대가인 코터(Kotter)[30]는 성찰을 리더십 개발의 필수 요소라고 하면서 성찰을 강조했다. 성찰을 통해 자신을 더 잘 알게 된다는 것이다.

성찰이란 행동하거나 학습한 것에 대해 다시 깊이 생각하는 과정을 말한다. 성찰은 학습의 중요한 도구이다. 과제 수행을 하는 모든 프로세스에서 지속적인 성찰이 이루어져야 그 활동의 가치가 더욱 높아진다. 팀 구성원들은 성찰 과정을 통해 자신의 경험으로부터 학습이 이루어진 부분을 확인할 수 있고, 성찰을 하면서 한 걸음 뒤로 물러나 사물에 대한 새로운 시각에 도달할 수 있다. 또한 성찰 과정에서는 학습한 내용을 자신의 삶 속에서 어떻게 실천할 것인지 구체화하게 되므로 실행 가능성을 높일 수 있다. 그러므로 어떤 학습을 성찰 없이 종료한다면 경험이 주는 소중한 학습기회를 놓치는 셈이 된다.

성찰의 효과는 팀 구성원들이 함께 할 때 더욱 크다. 모든 사람은 자신만의 생각의 틀이 있어서 세상을 바라보고 해석하는 방식이 서로 다르다. 팀원들은 함께 성찰하는 과정에서 서로의 경험과 생각을 공유함으로써 다양한 관점을 학습할 수 있는 기회를 가질 수 있다.

성찰은 다음과 같은 절차로 진행할 수 있다.

① 먼저, <표 6-1>처럼 플립차트나 전지에 배우고 느낀 점, 실천 및 적용할 점이라고 제목을 쓴다.
② 팀원들은 포스트잇에 배우고 느낀 점, 실천 및 적용할 점을 각각 두 가지 이상씩 작성한 후, 해당란에 붙인다.
③ 한 사람씩 돌아가면서 자신의 성찰 내용을 발표하여 공유한다.

그러나 꼭 아래와 같은 양식을 사용해야 하는 것은 아니다. 융통성을 발휘하여 성찰 내용을 각자 간단히 메모한 후 전체적으로 공유하는 시간을 가질 수도 있다.

표 6-1 | 성찰 양식(1)

배우고 느낀 점	실천 및 적용할 점

[그림 6-4] 성찰하는 모습

학습한 내용을 학습자의 행동이나 학습으로 보다 효과적으로 전이시키고자 한다면 아이디어 발산 도구나 문제해결 도구를 성찰의 도구로 활용할 수도

있다. 예를 들어 ERRC라는 프레임*을 활용할 수 있다. 즉, 어떤 행동이나 주제에 대해 제거(eliminate)해야 할 행동/태도, 감소(reduce)시켜야 할 행동/태도, 증가(raise)시켜야 할 행동/태도, 창조(create)해야 할 행동/태도 등이 무엇이 있는지 성찰하는 것이다. 예를 들면, '우리 팀원들의 역할 수행' '과제수행방법' '학습' 등 과제해결 과정이나 학습내용과 관련하여 성찰하는 것이다.

표 6-2 | 성찰 양식(2)

제거해야 할 행동/태도	감소시켜야 할 행동/태도
증가시켜야 할 행동/태도	**창조해야 할 행동/태도**

* ERRC는 블루오션전략에서 활용하는 분석 도구의 하나다.

[그림 6-5] ERRC 프레임을 활용한 성찰 사례

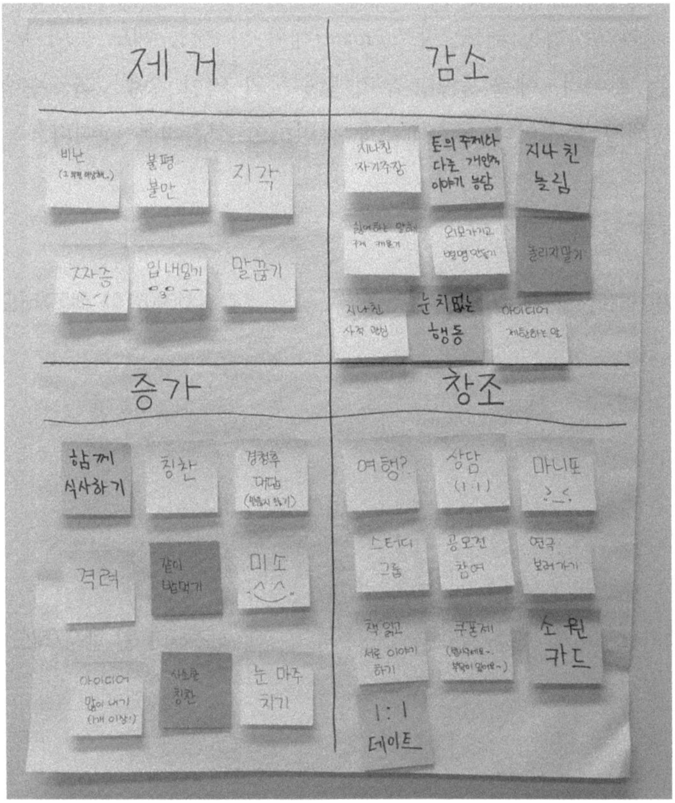

제거
비난
불평 불만
지각
입 내밀기
말끊기

감소
지나친 자기주장
토의 주제와 다른 개인적 이야기 농담
지나친 놀림
외모가지고 별명 만들기
눈치없는 행동
아이디어 제한하는 말

증가
함께 식사하기
칭찬
경청후 대답
격려
같이 밥먹기
미소
아이디어 많이 내기
사소한 칭찬
눈 마주치기

창조
여행?
상담 (1:1)
마니또
스터디 그룹
공모전 참여
연극 보러가기
책 읽고 서로 이야기하기
쿠폰제
소원 카드
1:1 데이트

실습합시다

1. 우리 팀의 기본 규칙을 명목집단법을 이용하여 만들어보자.

2. 오늘 배우고 느낀 내용, 향후 실천할 점에 대해 성찰해보자.

7장 문제 정의

학생들에게 어떤 문제 상황을 보여주고 해결안을 제시하라고 하면 학생들은 먼저 어떤 얘기부터 나눌까? 대개 둘 중 하나다. 원인이 무엇인지에 대해 토의를 하든지, 아니면 해결방안을 내놓기 분주하다. 이 상황이 어떤 상황인지, 어떻게 바라봐야 할지에 대해 이야기를 나누는 경우는 거의 없다. 학생들은 답을 찾는 데 매우 익숙하다. 문제가 주어지면 답을 찾아야 하는, 초등학생 시절부터 정답 중심의 학습을 해 온 탓이다. 반면, 현상이나 문제를 올바로 정의하는 것이 중요하다는 말은 낯설다. 사실 문제를 바라보는 사고방식에 대해 배울 기회가 거의 없었다. 이제 우리는 이것이 얼마나 중요한지에 대해서 살펴볼 것이다.

문제발견을 위한 진단도구

해결해야 할 문제나 프로젝트의 방향이 이미 명확하게 정해져 있지 않은 상태에서는 현황에 대한 진단을 통해 문제나 프로젝트를 도출하는 것이 필요할 것이다. 이때에는 문제발견을 위한 적절한 진단도구가 필요하다. 여기서는 쉽게 활용할 수 있는 SWOT, 3C, 요구분석을 소개한다.

SWOT

학생들의 공모전에 빠지지 않고 등장하는 대표적인 도구가 SWOT이다. 요즘은 자기 자신을 분석해서 행동전략을 수립하는 경우에도 SWOT를 흔히 사용한다. 그래서인지 경영학과를 나오지 않았어도 이게 무엇인지 대부분의 학생들이 아는 듯하다.

SWOT는 어떤 조직의 강점과 약점, 그 조직이 처해있는 환경의 기회 및 약점을 파악하기 위한 도구로서, Strength(강점), Weakness(약점), Oppotunity(기회), Threat(위협)의 네 가지 단어의 첫 글자를 딴 것이다. 여기서 S와 W는 내부요인이고, O와 T는 외부요인이다. 이들 내·외부 요인에 대한 분석을 마치면 이들 요인들을 고려하여 다음과 같은 전략을 구상한다.

① SO전략(강점-기회 전략) : 강점을 살려 환경의 기회를 이용하는 전략
② ST전략(강점-위협 전략) : 강점을 살려 환경의 위협을 극복하기 위한 전략
③ WO전략(약점-기회 전략) : 약점을 극복하면서 기회를 이용하는 전략
④ WT전략(약점-위협 전략) : 약점을 극복하면서 위협을 최소화하는 전략

SWOT 분석의 가장 큰 장점은 조직의 내·외부 현황 및 환경을 동시에 파악할 수 있다는 것이지만 두 가지 유의할 점이 있다. 첫째, 강·약점 분석과 외부환경 분석만으로 그쳐서는 안된다는 것이다. 이런 모습은 학생들의 SWOT 분석에서 흔히 볼 수 있는데, 그건 무늬만 SWOT 분석일 뿐이다. SWOT 분석의 초점은 강·약점과 외부환경을 고려해서 전략을 도출해내는 데 있다. 강·약점과 외부환경 요인들을 빠짐없이 모두 고려해야 하는 건 아니다. 이들 요인 가운데 전략으로 활용할 수 있는 부분을 최대한 찾아보는 것이다.

둘째, SWOT 분석에 의한 전략들을 보면서 "잘하는 분야는 기회를 살려 더 잘하고, 못하는 분야는 위협을 극복해서 잘하자" 식으로 마무리를 하면 곤란하다. 이들 전략을 보면서 새로운 시사점이나 극복전략을 도출할 수 있는지도

살펴보아야 한다. 예컨대, 강점－위협 전략이 강점－기회 전략이 될 수 있는지, 약점－위협 전략을 강점－기회 전략으로 극복할 수 있는지 등으로 질문을 던져 본다면 내·외부 환경을 새로운 관점에서 바라보고 더욱 의미 있는 전략이 도출될 수 있을 것이다.

SWOT 분석은 방법론적으로 간결하고 응용범위가 넓은 일반화된 분석 기법이기 때문에 비즈니스 분야뿐 아니라 다른 여러 분야에서 널리 사용되고 있다. 조직 전체차원에서 SWOT 분석을 한다면 조직의 중장기 전략을 도출하는 데 도움이 될 것이다. 이런 이유로 조직에서 중장기 전략을 수립할 때 가장 많이 활용하고 있는 것이 SWOT 분석이기도 하다. 하나의 소집단이나 개인차원

표 7-1 | SWOT 분석 양식

			외부요인	
			기회	위협
			1. 2. 3.	1. 2. 3.
내부요인	강점	1. 2. 3.	강점－기회 전략	강점－위협 전략
	약점	1. 2. 3.	약점－기회 전략	약점－위협 전략

에서도 SWOT 분석은 실행계획을 수립하는 데 유용한 방향을 알려줄 수 있다. 어떤 경우에든 SWOT 분석 결과를 토대로, 실행에 옮길만한 핵심 이슈나 문제가 무엇인지 파악할 수 있게 되면, 이를 프로젝트로 선정하고 창의적 문제해결 과정으로 이어질 수 있을 것이다.

3C 분석

진단 단계에서 중요한 것은 다양한 측면에 대한 고려인데 이 점에서 3C분석은 유용하다. 3C는 Customer(고객, 시장), Competitor(경쟁사), Company(자사)의 약자로, 전략적 사고에서 빠뜨릴 수 없는 개념으로 자리 잡고 있다. 조직이 경쟁력을 갖추기 위해서는 자신을 돌아봐야 하고 경쟁 조직과의 상대적 우위를 지켜야 하며 고객 및 시장의 욕구에 부합하도록 해야 한다는 것이다. 여기서 Company는 회사란 뜻이지만 회사뿐 아니라 학교, 기관 등 어떤 조직에도 적용될 수 있다.

Customer : 소비자(수요자)가 원하는 것은 무엇인가? 최근 추세는 어떤가?
Competitor(경쟁자 또는 다른 조직) : 그들은 어떻게 대응하고 있는가? 이 이슈에 대한 다른 조직의 강점은 무엇인가?
Company : 우리 조직의 강점과 약점은 무엇인가? 이 이슈에 대해 우리 조직의 현재 상태는 어떠한가?

어떤 프로젝트라도 진단을 할 때 이렇게 세 가지 측면에서 바라보아야 핵심적인 사항들을 빠짐없이 고려하면서 분석할 수 있을 것이다.

표 7-2 | 3C 분석 요소

3C	핵심 분석 요소
Customer	시장규모, 성장가능성, 잠재고객 규모
Competitor	경쟁강도, 경쟁자 현황(기술력, 점유율, 재무상태 등)
Company	내부자원에 대한 파악(인적자원, 물적자원, 핵심역량)

표 7-3 | 3C 분석 양식

이슈: ______________________

3C	주요 내용
Customer	
Competitor	
Company	

요구분석

심리학자들에 의하면 충족되지 않은 욕구, 뭔가 부족한 상태는 동기유발의 원동력이라고 한다. 현재 상태가 원하는 상태와 다른 경우에 이 부족한 부분을 메우려는 행동이 동기라는 것이다. 바로 이 논리가 요구분석에도 해당된다. 요구분석이란 현재 무엇이 부족한지 그 내용을 밝히고 그 문제를 해결할 수 있는 가장 적절한 방안을 모색하고자 하는 활동이다.

- 요구(Needs)의 정의 : 일반적으로 현재 상태(What it is)와 바람직한 상태(What should be) 간의 격차
- 요구는 문제(Problems)와 동일한 의미로 해석되며, 요구분석은 요구사정, 차이분석, 전단분석, 격차분석 등의 다양한 이름으로 사용됨.

요구분석의 장점은 다음과 같다.

① 요구분석을 통해서 현재 충족되어야 하거나 필요한 부분을 밝힘으로써 불필요한 부분에 대한 투자의 낭비를 줄일 수 있다.
② 충족되어야 할 부분이 명확히 밝혀짐으로써 프로젝트의 결과물이 성공적으로 달성되었는지를 판단할 수 있는 평가준거를 세울 수 있다.
③ 요구분석을 통해 밝혀진 결과들은 설계나 개발 단계에 드는 시간을 줄일 수 있다.
④ 요구충족의 대상자를 명확히 함으로써 잠재수요자가 실제로 필요로 하는 결과물을 제공할 수 있다.

일반적으로 SWOT나 3C분석 등을 통해 조직 및 환경의 분석이 끝나면, 이를 바탕으로 향후 도달해야 할 가치나 목표 등을 수립하고 세부 목표를 설정하게 된다. 이를 위해 현재의 위치와 미래의 이상적인 모습(비전, 목표) 사이의 차이가 무엇인지를 분석할 수 있다. 이러한 요구분석 결과를 통해 현재 부족한 부분은 무엇이고 이를 해결하기 위한 프로젝트 이슈를 도출한다. 현재 부족한 부분이 바로 Gap이다.

그런데 자료 수집을 충분히 하지 않은 상태의 요구분석은 한계가 있을 수밖에 없다. 현행 시스템에 대한 파악, 잠재수요자와 인터뷰 또는 관찰 등을 통해 해결해야 할 요구 내용을 보다 정확하게 파악하는 과정이 필요하다. 따라서 초기 요구분석은 요구의 방향을 정하는 수준이며 정보를 수집하면서 지속적으로 보완하거나 수정해야 할 것이다.

만약 요구분석의 대상이 기존의 어떤 제품에 관한 것일 경우 우리는 미래의 잠재수요자를 생각하면서 그 사람들의 입장에서 그들의 요구내용을 추정할 수 있다. 이때는 다음과 같은 질문들이 그들의 요구를 추정하는 데 도움이 된다.

- 사용자가 이 제품을 사용하면서 만족해하는 요소는 무엇일까?
- 사용자가 이 제품을 적용해서 이루고자 하는 것은 무엇일까?
- 사용자가 이 제품을 사용하도록 동기 부여하는 것은 무엇일까?
- 사용자가 이 제품에 대해 어려움을 겪고 있는 점은 무엇일까?
- 사용자가 이 제품에 대해 아쉬움을 느끼고 있는 기능은 무엇일까?

이러한 질문들은 사용자가 원하는 기능이나 내용에 대해 생각하게 하면서 사용자의 요구 내용을 추정할 수 있게 해줄 것이다. 물론, 아직은 추정일 뿐, 이런 요구의 보다 확실한 내용은 자료 수집을 통해 확인되어야 할 것이다.

표 7-4 | 요구분석 양식

이슈: ____________________

As-Is	Gap	To-Be

진짜 문제를 찾아서

문제를 발견한 것으로 문제정의가 끝나는 것이 아니다. 창의적 문제해결은 현재 상태에 대한 올바른 이해에서 출발해야 한다. 즉, 문제해결의 첫 단계는 문제 및 프로젝트를 정의하고 명확히 하는 것이다. 이건 매우 중요한 단계다. 문제를 제대로 정의하지 않으면 해결안이 초점을 벗어나 엉뚱한 방향으로 흘러갈 수도 있기 때문이다. 문제에 대한 명확한 정의는 올바른 방향의 해결안을 안내하는 문제해결의 가이드이다.

문제를 어떻게 보느냐에 따라 해결방향도 다르다

문제를 잘 정의한다는 것은 쉽지 않다. 문제를 잘못 정의하고 잘못된 방향으로 문제를 해결하려는 경우도 흔하다. 다음 예를 보자.

> 초등학생인 예진이는 잠자리에서 나오지 않으려 한다. 배가 많이 아프다면서 학교에 갈 수 없다는 것이다. 오늘만 그런 것이 아니고 요즘 자주 그런다. 어제는 병원에도 갔는데, 먹은 약이 효과가 하나도 없는 듯하다. 아무래도 큰 병원에 가서 위장 검사라도 받아야겠다.

위장이 진짜 문제일까? 예진이가 학교에서 무슨 일이 있어서 학교에 가기 싫기 때문은 아닐까? 그렇다면 병원에 가서 위장 검사를 해서 약을 아무리 먹는다고 해도 문제가 해결되지 않을 것이다. 진짜 문제가 무엇인지 파악하는 것이 중요한 이유다.

포드자동차의 창업가 헨리포드(Henry Ford)는 "만약 제가 사람들에게 원하는 게 뭔지 물었더라면, 그들은 더 빠른 말이라고 대답했을 것"이라 했다. 고객은 자신의 니즈를 잘 모른다는 의미이기도 하지만, 문제 정의의 중요성을 보여주는 말이기도 하다. 지금의 이동수단을 어떻게 더 빠르게 할 것인지를 문제로 정의해야지, 더 빠른 말을 어떻게 확보할지를 문제로 생각한다면 말 이외의 다른 이동수단을 생각하지 못할 것이다.

앞에서 언급했던 방글라데시 사례를 다시 생각해보자. 많은 마을에서 위생시설이 제대로 없어 사방에 배설물이 보이는 등 위생문제로 인해 매년 많은 어린이가 설사병으로 사망하고 있었다. 정부에서는 이들 마을에 콘크리트로 만든 원형변기를 제공하면서 위생문제가 해결될 것으로 기대했다. 그런데 어떻게 되었을까? 마을 주민들은 콘크리트 원형변기를 가축의 여물통으로 사용할 뿐, 비용, 시간 등의 이유로 변기를 설치하지 않았다. 이들의 문제는 변기시설의 부족이 아니었던 것이다. 문제를 '위생문제에 대한 주민들의 의식부족'으로 정의한 후에야 이 문제는 주민 스스로의 힘으로 해결될 수 있었다.

경영학의 아버지라고 불리던 피터 드러커는 <경영의 실제>[31]에서 진짜 문제의 중요성을 강조한 바 있다.

> "경영자가 개인들 간의 충돌이라고 보고 있는 문제도 사실은 조직구조가 잘못되어 있기 때문에 일어나는 문제일 수도 있다. 경영자가 제조원가와 관련된 것으로 보고 원가절감 운동을 벌일지도 모르는 문제가, 사실은 공학적 설계의 잘못이나 판매계획의 잘못일 수도 있다. 경영자가 조직 문제로 보고 있는 것도 사실은 분명한 목표가 없기 때문에 발생하는 것일 수도 있다."

드웨인 스프래들린(Dweyne Spradlin)에 따르면 대다수 기업들이 새로운 제품이나 프로세스, 사업 등을 개발할 때, 해결하려는 문제를 제대로 정의하지 않고 그 문제가 왜 중요한지에 대해 충분히 자문하지 않는 실수를 범한다고 주장한다. 이러한 실수는 기업의 기회, 자원의 손실로 이어져 나중에는 그들의 기존 전략과 상응하지 않는 방안을 좇는 결과를 부르기도 한다. 그가 소개하는 문제 정의의 옳은 예를 함께 살펴보자.[32]

사례 1 : 기름 유출

1989년, 유조선 엑슨발데즈(Exxon Valdez)가 알래스카 지역에서 좌초되면서 기름이 유출하는 사고가 발생했다. 그리고 사고 발생 후 20년 이상이 흐르는 동안 이 지역은 기름이 제대로 제거되지 않는 어려움을 겪었다. 낮은 온도에 따라 기름 점성이 높아지는 바람에 어선에서 해안 기름 저장소까지 기름을 끌어 올리는 것이 거의 불가능에 가까웠기 때문이다.

"문제는 기름 청소가 아닌 청소하기 어려울 만큼 굳어버린 기름"

'기름 유출 회복 연구소(the Oil Spill Recovery Institute)'는 효과적인 솔루션을 위해 문제를 기름 '청소'가 아닌 '점성'으로 정의했다. 끈적해져 버린 기름의 유동성을 회복하는 방법을 찾고자 나선 것이다. 나아가 다양한 산업으로부터 솔루션을 제안 받을 수 있도록 최대한 석유업에 국한되지 않는 용어로 문제를 호소했다. 이러한 노력 덕에 시멘트업에 종사하는 한 화학자로부터 굳어버린 기름을 이미 상용화된 건설 기구를 활용해 다시 흐르게 하는 방향을 제안 받을 수 있었고, 이를 채택함에 따라 기름 청소를 보다 효과적으로 진행할 수 있게 되었다.

사례 2 : 루게릭병

루게릭병의 치료법을 연구하던 연구원들은 2000년대 후반까지 별다른 성과를 내지 못했다. 질병의 경과를 정확히 트래킹할 수 없던 것이 주원인인데, 최대한 많은 환자들의 데이터를 모아 어떠한 기준을 세우기에도 비용

문제로 어려움이 있었다.

"루게릭병 치료법을 찾기보다 치료법의 기반이 되는 환자 경과를 아는 것이 문제"

비영리 단체 Prize4Life는 문제를 다르게 접근했다. 바로 치료법 탐색 대신 기존의 '루게릭병 리서치 효과 및 효율 증대'에 초점을 맞춰 문제를 정의한 것이다. 이에 따라 질병의 경과를 더욱 빠르고 정확하게 측정할 수 있는 생물 지표를 솔루션으로 찾기 시작했다. 결과적으로 2011년, 보스턴에 위치한 베스 이스라엘 종합병원(Beth Israel Hospitals)의 한 연구원이 근육의 전류 변화를 파악해 루게릭병 경과를 측정하는 저비용, 무고통 치료법을 개발했다. 이 생물 지표는 보다 적은 수의 환자군에게 보다 신속히 연구를 집행해 정확한 데이터를 제공한다는 점에서 리서치 효율을 높이고 있다.

이처럼 진짜 문제는 기름 청소가 아닌 청소하기 어려울 만큼 굳어버린 기름이었고, 루게릭병 치료법을 찾는 게 아닌 치료법의 기반이 되는 환자 경과를 아는 것이었다. 이 같은 사례에서 보듯, 문제를 올바르게 분석하고 정의하는가는 혁신적인 해결안을 위한 핵심이다.

진짜 문제를 찾는 방법

그렇다면 진짜 문제를 찾는 방법은 무엇인가? 아래 다섯 가지 방법이 유용하다.

1. 바꾸어 말하기(기능중심으로 다르게 표현하기)

   예: 달 표면 탐사 차량에서 사용되는 백열전구가 잘 깨진다.

   → 달 표면 탐사 차량의 작업을 위해 불빛이 필요하다.

2. 반대로 정의한다.

   예: 직원들이 창의성을 발휘하도록 하는 방법은 무엇일까?

   → 직원들의 창의적 시도를 방해하는 것은 무엇일까?

3. 초점을 넓힌다(좀 더 넓은 맥락에서 문제를 재정의한다).

   예: 어떤 직업으로 바꾸어야 하나?

   → 어떻게 직업의 안정성(job security)을 높일 수 있나?

4. 초점의 방향을 바꾼다.

   예: 어떻게 수익을 높일 수 있는가?

   → 어떻게 비용을 줄일 수 있는가?

5. "왜"라고 질문한다.

   근본 원인을 찾아 새롭게 문제를 정의한다.

이러한 방법을 시도하다보면 표면에 보이는 문제가 아닌 진짜 문제가 무엇인지 드러나게 될 것이다. 어떤 컨설턴트로부터 들은 얘기다. 어느 회사에서 컨설팅을 하는데 문제를 정의하는 데만 꼬박 2달이 걸렸다고 한다. 그런데 문제를 정의하면서 진짜 문제가 드러나자 해결안이 명확하게 떠올랐다고 한다. 문제 정의가 해결안을 이끈 것이다. 여기서 유의할 점은 문제 정의는 초기에 한번으로 끝난 것이 아니라는 것이다. 이후의 과정에서 정보들을 수집하면서 새로운 사실을 발견하게 되면 지속적으로 문제를 수정해야 한다.

프로젝트 기술서

문제 정의에는 문제의 배경, 원하는 목표상태, 해결범위 및 기한 등이 포함된다. 해결해야 하는 프로젝트나 요구는 명확한 경우도 있지만 추후에 자료수집 과정을 통해 명료화해야 할 때도 있다. 어떤 경우이든 프로젝트와 프로젝트의 배경, 프로젝트가 해결되었을 경우의 효과 등을 구체화하는 것이 필요하다. 흔히 사람들은 이 과정을 등한시하는 경향이 있다. 사람들은 문제에 이름을 붙이는 것만으로 문제에 대한 정의가 끝났다고 생각한다. 예컨대, 단지 막연히 무엇을 만들고 싶다거나 어떤 문제를 해결하고 싶다는 정도에서 그치는 것이다. 막상 구체적으로 무엇을 만들고 싶은지에 대해서는 설명을 잘 못하는 경우가 많다. 어떤 상태가 원하는 상태인지도 구체적으로 생각해보지 않는다. 그러나 질문을 하면서 그 사람의 생각을 들어보면 실상 문제의 초점은 다른 곳에 있는 경우도 흔하다.

문제 정의는 프로젝트 선정 배경, 목표상태, 기대효과 등을 프로젝트 기술서에 명확히 기술하고 정하는 것으로 이루어질 수 있다. 프로젝트 기술서를 가지고 팀원들 간에 합의를 한 후 프로젝트가 본격적으로 시작되고 프로젝트가 끝난 후에는 프로젝트의 결과물이 소기의 목표를 달성했는지를 판단하는 근거가 바로 프로젝트 기술서이다. SWOT, 3C, 요구분석 등을 통해 현상에 대한 진단이 이루어지면, 문제 정의를 위해 프로젝트 기술서를 작성한다.

프로젝트 선정 배경

프로젝트 선정 배경은 이 문제를 해결해야 할 필요성을 보여주는 현상 및 문제점이다. 이는 앞에서 실시했던 분석 결과들을 기초로 작성하는데, 다음과 같은 절차에 의해 진행할 수 있다.

① 팀원들은 프로젝트와 관련된 현상이나 문제점을 포스트잇에 하나씩 기록해간다.
② 현상 및 문제점을 나열하고 분류한 후 빠진 것이 있는지 확인한다.
③ 구체적인 현상 및 문제점이 확인되면, 이러한 현상에 대한 개략적인 모습을 프로젝트 선정 배경에 기술한다.

프로젝트의 목표 상태

프로젝트의 목표 상태란 프로젝트를 통해 도출해야 할 최종 결과물이나 목표 상태를 말한다. 최종 결과물은 구체적이고 결과지향적이며 눈으로 확인할 수 있는(tangible) 수준으로 기술하는 것이 좋다. 단지 '~방안'으로 끝나기를 기대하는 사람은 없을 것이다. 주어진 기간이 끝나면 어떤 결과를 얻고 어떤 상태에 도달할 것인가에 대해 구체화한 후 합의하는 것은 만족스러운 결과를 위해 매우 중요하다. 그래서 그냥 '목표'가 아니고 '목표 상태'라는 용어가 목표의 구체화를 위해 더 바람직해 보인다. 예컨대, 어떤 사람의 목표가 아이들에게 더 관대해지는 것이라면, 단순히 '더 관대해지기'보다는 '더 관대해진 상태'를 목표로 표현하는 것이 목표의 달성 정도를 더 명확하게 확인할 수 있을 것이다. 또한 목표가 달성되었음을 어떻게 확인할 수 있는가를 묻는 것은 우리가 문제를 다른 방식으로, 다른 각도에서 생각하게 한다. 어떤 문제의 목표 상태를 어떻게 정하느냐에 따라 그 다음에 무엇을 해야 하는지가 달라지기 때문이다.

요즘 창의성이 강조되다보니 많은 공공기관이나 회사에서 '창의적인 조직문화 만들기'라는 목표를 새운다. 그런데 그렇게 목표 이름만으로는 무엇을 해야 하는지 알 수 없다. 그 목표 상태가 어떻게 정해지느냐에 따라 프로젝트는 전혀 다른 프로젝트가 될 수 있으며 무엇을 해야 하는지가 달라질 것이다. 실제로 말로만 창의적인 조직문화인 경우도 많고 목표 상태를 정하지 않아서 그런 목표가 이루어졌는지 확인할 수도 없다.

제품이나 서비스의 경우도 마찬가지다. 그 제품을 사용하는 소비자가 만족하는 수준과 내용을 구체적으로 표현할수록 프로젝트의 초점이 보다 명확해지고 완성도가 높아질 수 있을 것이다.

때론 목표가 비현실적이거나 너무 높을 수도 있다. 이 경우에는 목표달성 가능성을 먼저 살펴볼 필요가 있다. 그리고 행동으로 이끌지 못하게 하는 것은 무엇인지, 우리가 할 수 있는 수준은 무엇인지 등을 알아보고 문제의 범위를 정할 수 있다. 이 과정에서 팀 리더는 효과적인 질문을 통해 결과물을 표현할 수 있도록 촉진하는 것이 좋다. 예컨대, "이 프로젝트의 목표가 성공적으로 달성되었다는 것을 어떻게 또는 누가 확인할 수 있을까요?"와 같은 질문을 던져서 팀원들이 구체적이고 눈으로 확인할 수 있는 형태의 결과를 떠올릴 수 있도록 한다. 이는 다음과 같은 절차에 의해 이루어질 수 있다.

① 팀원들은 지금까지의 프로젝트 내용을 토대로, 목표 상태로서 도출해야 할 구체적 결과물과 기대효과를 포스트잇에 쓴다.

② 팀원들은 내용들을 분류하고 정리한 후, 서로 의견을 묻고 합의한다.

프로젝트 기술서 작성

지금까지의 과정이 정리되면 프로젝트 기술서를 정리할 수 있다. 프로젝트 기술서 양식은 프로젝트의 유형에 따라 다소 달라질 수 있지만 지금까지의 내용을 포함하여 체계화하면 ＜표 7－4＞와 같은 프로젝트 기술서로 작성할 수 있다. 프로젝트에 따라 보다 상세한 프로젝트 기술서를 작성하고 싶다면 ＜표 7－5＞처럼 작성할 수도 있다.

표 7-4 | 프로젝트 기술서 양식(1)

프로젝트 명	
팀 명	
팀 구성원	
프로젝트 선정 배경	
도출해야 할 구체적 결과/목표 상태	
기대효과	
프로젝트 관련 요구사항*	

* 프로젝트를 수행할 때 유의해야 할 사항이나 기한 등 고객의 요구 사항 등을 의미.

표 7-5 | 프로젝트 기술서 양식(2)

프로젝트 개요	– 해결해야 할 문제 또는 추구해야 할 기회는 무엇인가?
의도 (범위)	– 이 프로젝트에서 도출될 결과물에는 무엇이 포함되어야 하는가? – 이 프로젝트와 밀접한 관련이 있는 기존의 프로젝트(제도, 시스템)는 어떤 것들이 있는가?
제약요인	– 프로젝트를 추진할 때 고려해야 할 제약요인에는 어떤 것들이 있는가? – 해결방안이 성공하기 위해 충족시켜야 할 요구조건은 무엇인가?
목표고객	– 구체적으로 누구를 위해 이 프로젝트를 수행하는 것인가? – 누구를 이해해야 하는가? 그들이 중요한 이유는 무엇인가?
탐구과제	– 연구조사를 통해 답을 구해야 할 핵심질문은 무엇인가? – 프로젝트를 성공시키기 위해 반드시 이해해야 하는 이해관계자의 니즈, 새로이 부상하고 있는 신기술 또는 새로운 비즈니스 모델 등 이해관계자들이 생각하고 행동하는 방식 중에서 반드시 학습해야 할 내용은 무엇인가?
장기적 관점의 기대효과	– 장기적 관점에서 당신의 팀은 어떤 궁극적 결과(상태)를 기대하는가?
성공지표	– 어떤 지표와 방법으로 성공을 측정할 것인가? (성공기준)

실습합시다

관심 있는 주제를 하나 선정한 후 프로젝트 기술서를 작성해보자.

8장 정보수집

문제를 정의하면서 프로젝트의 목표가 무엇인지 구체적으로 정해지면 이를 위한 자료 및 정보를 수집해야 한다. 요즘은 인터넷을 통해 상당히 많은 정보를 짧은 시간 안에 수집할 수 있다. 그런데 정보가 많다고 좋은 건 아니다. 똘똘한 정보가 필요하다. “답은 현장에 있다”는 말이 있다. 문제해결에 어떤 정보들이 중요한지, 그 정보들을 어디서, 어떻게 확보할 것인지는 문제 해결안을 위한 중요한 사안이다. 또한 이러한 정보 수집은 한 번만으로 끝나는 것이 아니라 문제 정의와 마찬가지로 해결안을 찾는 과정에서 지속적으로 이루어져야 할 것이다. 문제해결을 위한 체계적이고 효율적인 정보수집 및 분석방법에 대해 알아보자.

로직트리

시험에 서술형 문제를 내면 학생들의 답안에서 부족하다고 느끼는 것이 바로 논리적 사고다. 자신의 논리에 무슨 문제가 있는지도 모르고 논리적 사고에 대한 관심도 별로 없어 보여 안타깝다.

논리적 사고는 전문가들의 전유물이 아니다. 누구든지 학습을 통해서 어렵지 않게 향상시킬 수 있다. 업무와 관련해서 누군가를 설득해야 할 경우 논리가 뒷받침되지 않으면 설득력이 없을 것이다. 앞에서 언급했듯이, 창의적 문제해결에는 창의적 아이디어를 위한 발산적 사고와 더불어 논리적 사고도 필요하다. 논리적으로 문제를 분석해 나가면서 우리는 문제의 핵심에 도달하고 타당한 해결안을 얻을 수 있다.

논리적 사고를 지원하는 도구 중 가장 대표적인 것이 바로 맥킨지컨설팅

회사의 핵심적인 문제해결 도구라고 할 수 있는 로직트리(Logic Tree)다. 과제 수행을 위해 필요한 역량 중의 하나는 큰 그림과 구조를 파악하는 것이다. 로직트리는 이를 가능하게 해 주는 도구다. 로직트리란 주요한 이슈를 'MECE'의 사고방식에 기초해서 논리적으로 상위의 개념을 하위의 개념으로 분해해 가는 기술이다. MECE란 전체를 여러 개의 묶음으로 나누어 파악하는 사고법으로, M은 mutually(상호 간에), E는 exclusive(중복되지 않고), C는 collectively(전체로서) 그리고 E는 exhaustive(누락 없이)의 약자다(Rasiel & Friga, 2001[33]). 로직트리와 같은 작업을 흔히 상위 단계에서 하위 단계로의 'Break down' 또는 'Drill down'이라고 한다.

모든 문제나 과제는 덩어리가 크고 서로 간에 뒤엉켜 있어서 그 자체로는 문제를 해결하기가 매우 어렵다. 문제를 개별 업무나 작은 크기의 업무로 쪼개 놓아야 이를 해결해 나갈 수 있다. 또한 이러한 분석을 통해 정보수집의 초점을 보다 분명히 할 수 있다. 개별 업무로 분해되면 자신이 할 것인지 다른 사람이 할 것인지 역할 분담도 가능하다. 또한 이 일을 지금 할 것인지 나중에 해도 될 것인지도 판단할 수 있다. 즉, 실행의 우선순위를 정할 수 있다.[34]

로직트리가 효과적이기 위해서는 개념을 분류할 때 반드시 MECE가 잘 지켜져야 한다. MECE가 잘 이루어진 경우란 상위 개념을 설명하는 하위 개념이 전체를 포함하되 중복이나 누락 없이 모두 포함된 상태를 말한다.

로직트리를 그릴 때 종이는 가로로 놓고 [그림 8-1]과 같이 상부 단위에서 하부 단위로 전개한다. 이슈에 들어갈 내용은 초기 질문으로 자신이 자신에게 질문하는 과정이다. 질문은 무엇을 해야 할 것인지를 명확히 하기 위하여 '…………?'의 질문형으로 작성하는 것이 좋다. 분해 시 하부 단위는 2~4개 정도로 전개한다. 5개 이상은 복잡하므로 가급적 피한다. 1차 전개에서 반드시

[그림 8-1] MECE인 경우와 그렇지 않은 경우 비교[35)]

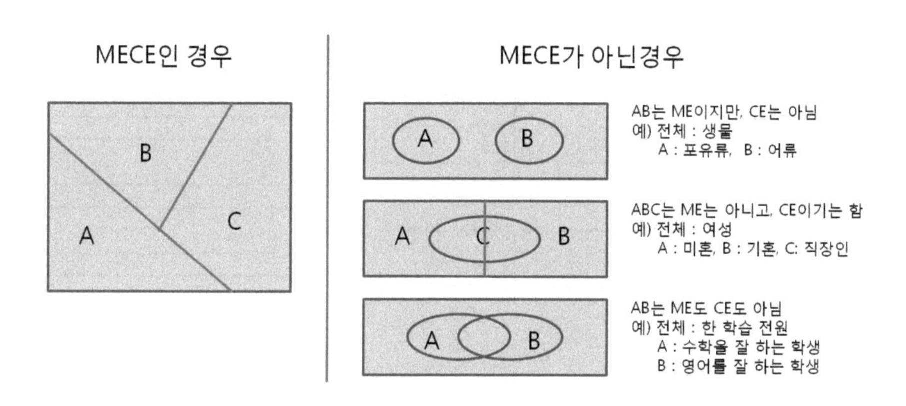

MECE가 되도록 분해해야 한다. 1차 전개부터 MECE가 되지 않으면 논리의 설득력이 떨어진다. 2차 전개 또한 최대한 MECE가 되게 하고, 3차 전개부터는 MECE가 되면 좋겠지만 안 되더라도 무방하다.

로직트리의 이점은 크게 두 가지로 나누어 볼 수 있다.

첫째, 논리적 사고력이 증진된다. 로직트리는 복잡한 것을 체계적이고 간결한 구조로 정리하여 상대에게 전달할 수 있기 때문에 이해가 쉽고 오랜 기간 기억될 수 있는 장점이 있다.

둘째, 과제 해결력의 향상이다. 과제의 모든 모습이 정리되어 보이기 때문에 전체 모습을 쉽게 파악할 수 있고, 요소 간의 관계성도 명확해지며, 우선순위 판단이 용이하다.

[그림 8-2] 로직트리의 기본 골격

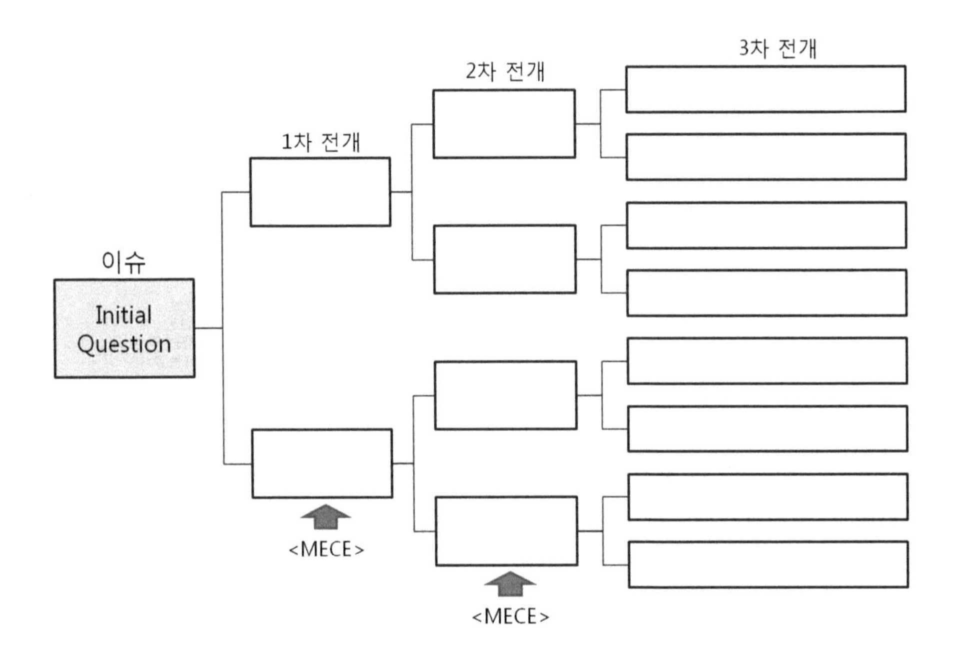

로직트리의 유형

로직트리는 그 목적에 따라 What Tree, Why Tree, How Tree로 나누어진다.

첫째, What Tree는 과제의 전체 구성요소를 알아보거나 체크리스트를 작성할 때에 사용한다. 이때의 초기 질문은 보통 '……구성요소는?', '체크리스트는?'의 형태로 쓴다.

둘째, Why Tree는 과제나 문제의 원인이나 이유를 찾을 때 사용한다. 이때의 초기 질문은 '……가 안 되는 이유는?', '……가 나쁜 이유는?'으로 쓴다.

셋째, How Tree는 문제에 대해서 해결대안을 찾을 때 사용한다. 초기 질문은 '……을 해결하기 위해서는?', '……을 높이기 위해서는?'으로 쓴다.

<표 8-1>은 주제에 따라 활용 가능한 로직트리의 유형을 구분하여 제시한 것이다. 그런데 어떠한 과제를 해결하고자 할 때는 구성요인을 도출한 후 이에 대한 방안을 탐색할 수도 있고 구성요인에 대한 원인을 탐색해야 할 때도 있다. 따라서 필요에 따라 각각의 로직트리를 함께 활용할 수 있다.

표 8-1 | 로직트리 종류별 활용 가능한 주제들

What Tree	How Tree	Why Tree
• 배우자 선택을 위한 체크리스트 만들기 • 학점에 영향을 미치는 요소 • 자동차 선택 기준	• 공부를 잘하는 방법 • 인맥을 넓히는 방법 • 건강을 유지하는 방법 • 교통 체증을 완화하는 방법 • 스트레스를 완화하는 방법 • 업무 몰입을 위한 방법 • 근력을 늘리는 방법 • 식당에 대한 입소문을 내는 방법	• 체중 증가의 원인 • 성적이 오르지 않는 이유 • 고객이 줄어드는 원인 • 영업실적이 낮은 원인 • 조직분위기가 활발하지 않은 원인 • 의사소통이 제대로 되지 않는 이유

로직트리 작성절차

로직트리는 개인이 자신의 문제를 질문으로 작성한 후 차분하게 상부에서 하부단계로 내용을 분해해 나갈 수도 있지만, 여러 사람이 생각을 모아 함께 작성할 수도 있다. 로직트리를 여러 사람이 함께 작성할 경우 보다 다양한 의견을 도출할 수 있어서 중요한 아이디어가 누락되는 것을 최소화할 수 있다. 이 과정에서 팀원들 간에 생각의 차이가 있을 경우 명목집단법과 투표(멀티보팅)를 활용하면 효율적으로 로직트리를 작성할 수 있다. 팀 구성원들이 함께 로직트리를 작성할 때는 큰 종이(플립차트), 포스트잇, 네임펜, 스티커 등이 필요하다. 준비물들이 갖춰지면 토의 진행자의 안내에 따라 진행한다.

과제의 성격과 원인결과를 함께 분석하기 위해 What Tree와 Why Tree를 함께 작성하는 사례를 중심으로 로직트리 작성방법을 제시하면 다음과 같다.

로직트리를 작성하기 위해 먼저 로직트리를 그릴 큰 종이의 상단에 먼저 As-Is, 분야, What, Why, 가설, To-be를 적어 넣는다. 로직트리를 그릴 준비가 되면 다음의 순서로 작성한다.

① 해결해야 할 문제를 작성하여 As-Is 아래에 놓는다.
② 문제가 해결되었을 때의 바람직한 상태, 즉 목표상태를 작성하여 To-be 아래에 놓는다.
③ 현재 상태와 바람직한 상태 간의 차이가 나타나는 것에 대해 명목집단법으로 가능한 많은 내용을 열거한다.
④ 제시된 내용을 분류한 후 각 항목을 대표할 수 있는 제목을 붙인다.

[그림 8-3] 로직트리 작성하기

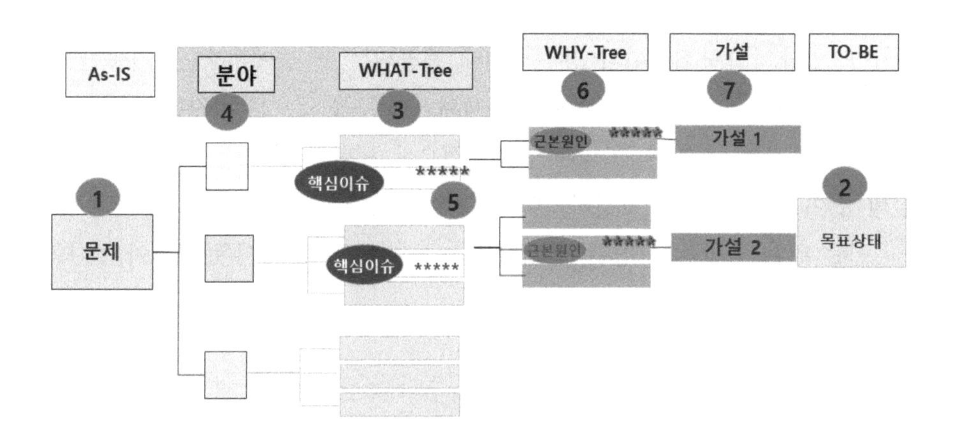

⑤ 제시된 모든 의견을 대상으로 투표로 핵심 이슈를 선택한다.

⑥ 핵심 이슈에 대한 원인을 집중 분석한다. 이때 작성된 원인들 가운데 핵심원인(root cause)을 투표(multi−voting)를 통해 도출한다. 또한 제안된 원인들 중 통제 불가능하다고 판단되는 원인은 기각한다.

⑦ 핵심원인을 중심으로 가설을 쓴다. 이 가설은 확인 또는 검증과정을 거친 후 대안을 도출하는 데에 기초가 된다.

[그림 8−4]는 기초설계 과목에서 수행할 수 있는 과제의 하나인 '대학생의 팀 학습을 도와줄 수 있는 Application의 개발'에 대해 수행한 로직트리 사례이다. 이 사례는 문제해결이 아닌 개발을 위한 로직트리를 작성한 것이기 때문에 현상에 대한 원인을 찾는 것이 아니라 현상을 어떻게 해결할 것인지에 대한 'How'를 찾는 과정을 수행하였다.36)

로직트리는 해결해야 하는 과제를 보다 명료하게 분석하는 것이다. 로직트리를 작성함으로써 가설이 도출될 수도 있고 구체적으로 해야 할 과제가 도출될 수도 있다. [그림 8-4]의 경우, "현재 제공되는 앱 중에서 연동 가능한 채팅 프로그램이 무엇인지 알아본다", "문제해결 도구를 앱으로 바꾸는 방법을 알아본다", "주간별, 월별 활동 상황을 체계적으로 표현할 수 있는 도구를 알아본다"와 같이 해당 내용을 조사하거나 학습해야 한다.

이를 위한 구체적인 자료수집계획은 <표 8-2>와 같이 준비하여 조사할 수 있다.

표 8-2 | 자료수집 계획표

분야	필요한 자료들	조사방법	담당자	기한

[그림 8-4] 로직트리 사례(장경원, 이은정, 배상원, 2012)

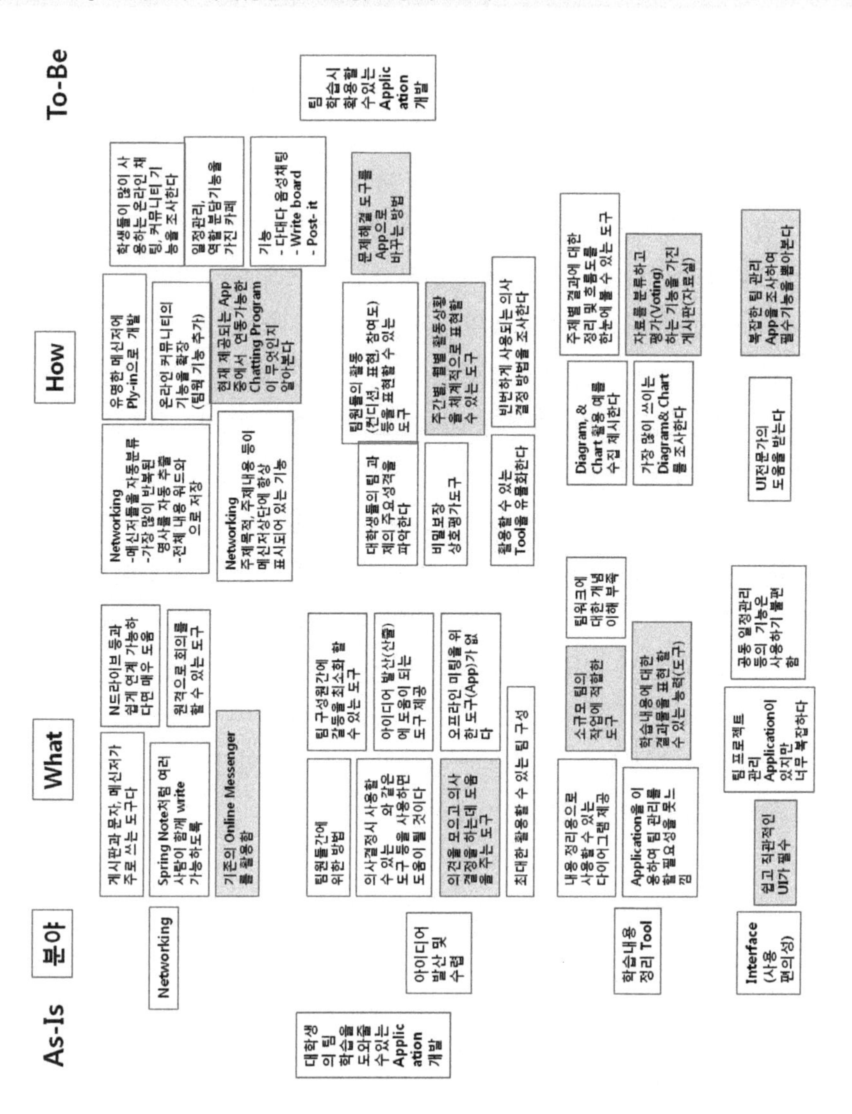

실타래 기법

누구나 주어진 과제와 관련한 경험을 이미 가지고 있을 수 있다. 그것이 성공사례든 실패사례든 해결을 위한 아이디어를 탐색하는 과정에서 구성원들이 가지고 있는 과거경험은 훌륭한 자원이 된다. 그들의 기억 속에 남아있는 사례를 많이 발견할수록 좋다. 선행사건에 대해 질문하는 것은 관심의 초점을 '결여된 것'으로부터 '이미 있는 것'으로 전환시키도록 초대하는 것이다.

실타래 기법(thread technique)은 듀퐁(DuPong)사의 과제해결 도구로서, 바로 구성원들의 경험에서 정보를 찾는 방법이다. 해결해야 할 이슈와 관련하여 구성원들의 직·간접인 성공경험과 실패경험을 모아, 그 경험들로부터 구체적인 실천 계획을 수립하는 것이다. 실타래 기법은 여러 사람의 경험을 활용한다는 것과 실행계획을 수립할 때 장애요인을 고려한다는 특성을 갖는다.

다양한 사람들이 가지고 있는 경험을 수집·분석하여 문제해결의 이상적 목표를 수립하는 것은 체계적이고 논리적인 문제해결 활동이라 할 수 있다. 또한 이상적 목표 수립 후 이를 위해 해야 할 일을 바로 계획하는 것이 아니라 발생할 수 있는 장애요인을 미리 고려하는 것은 실행과정에서 나타날 수 있는 오류를 줄일 수 있는 신중한 의사결정 활동이라 할 수 있다.

실타래 기법의 작성 방법은 다음과 같다.

① 해결해야 할 이슈를 적는다.

② 이슈와 관련해서 직·간접적으로 성공한 경험과 실패한 경험을 포스트잇 한 장에 한 사례씩 구체적으로 적는다. 이때 경험의 결과도 함께 제시한다. 즉, '개개인에게 관심'보다는 '학생 개개인에게 관심을 보였더

니, 학생들이 수업에 적극적으로 참여하였다'와 같이 작성한다.

③ 제시된 경험들을 토대로 팀 구성원들의 논의를 거쳐 이상적 목표를 수립한다.

④ 이상적 목표를 달성하는 데 겪을 수 있는 장애요인들을 적는다.

⑤ 도출된 장애요인들을 고려하여 이상적 목표를 달성하기 위해 필요한 실행계획을 수립한다.

[그림 8-5] 실타래 기법의 구조

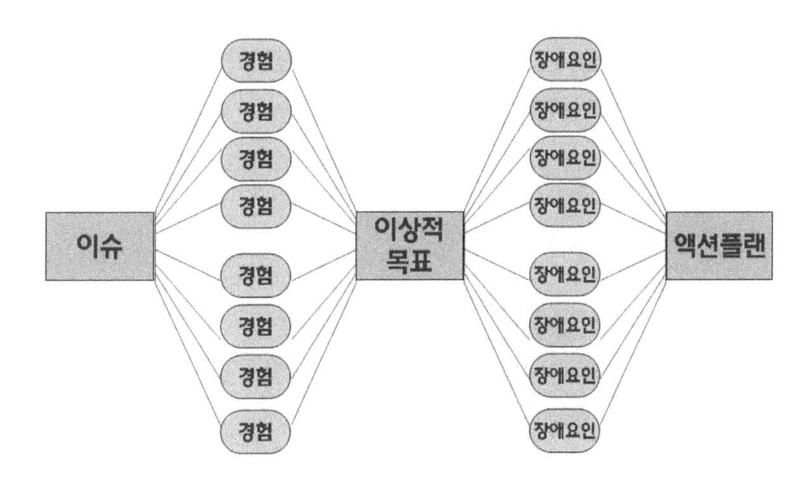

실타래기법을 활용하여 실행계획이 수립되면 이를 위한 구체적인 활동계획이 수립된다. 이때 필요한 자료 등은 로직트리의 경우와 마찬가지로 자료수집계획표에 의해 조사한다.

블랭크 차트

블랭크 차트(blank chart)는 이름 그대로 '빈칸이 있는 차트'로 개인 혹은 집단이 체계적으로 과제해결 계획을 수립하고 실행할 수 있도록 돕는 도구이다. 과제해결을 위해 블랭크 차트를 활용한다는 것은 과제해결안의 최종 결과물의 목차 및 표현 방법을 대략적인 이미지로 먼저 작성한 후, 이를 완성하기 위한 조사 및 학습 계획을 수립하고 계획에 따라 자료를 수집·분석하여 최종결과물을 완성하는 일련의 과정이 이루어진다는 것이다.

블랭크 차트는 output 지향 사고다. 블랭크 차트를 작성하면 최종 결과물에 대한 대략적인 이미지 및 순서, 구조를 파악할 수 있어서 과제를 전체적인 안목으로 파악하여 무엇을 조사할 것인지 계획할 수 있다. 과제해결의 시작 단계에서

[그림 8-6] 블랭크 차트의 구성

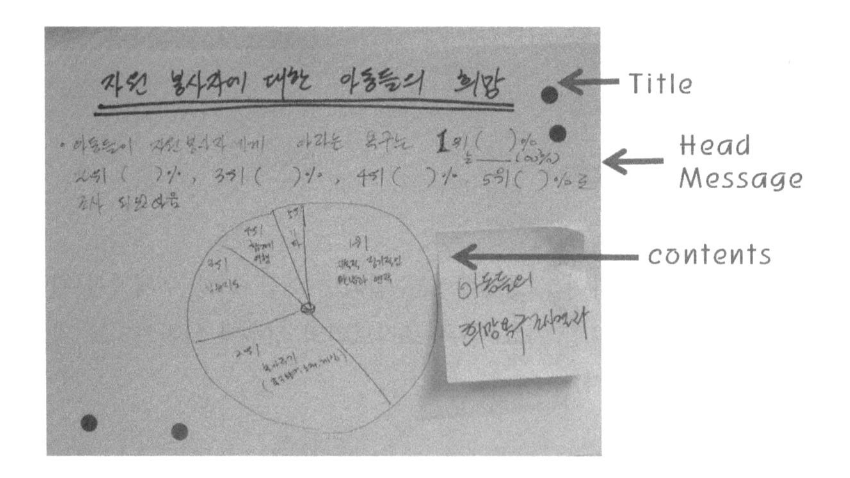

과제해결의 마지막 단계인 최종결과물 작성을 고려하는 것이 쉬운 일은 아니지만, 체계적·체제적으로 과제를 해결할 수 있게 하는 매우 유용한 방법이다.

일반적으로 블랭크 차트는 프레젠테이션을 위한 결과물을 염두에 두고 작성되기 때문에 [그림 8-6]과 같이 한 개의 슬라이드 안에 차트의 제목, 그 차트에서 표현하고자 하는 구체적인 내용을 표현한 '대략적 이미지', 그리고 필요한 경우 내용을 요약한 헤드 메시지(head message)로 구성된다. 내용을 표현할 때는 각종 그래프(막대그래프, 원그래프, 꺾은선그래프 등), 차트, 도표, 삽화, 사진, 동영상, 음성 파일 등 파워포인트나 유사한 기능을 가진 소프트웨어를 사용하여 표현 가능한 것이 모두 사용될 수 있다.

블랭크 차트를 작성하기 위해서는 과제의 최종 결과물을 어떤 내용과 순서로 구성할 것인지 결정하는 것이 선행되어야 한다. 이를 위해 개인 혹은 팀 구성원이 의견을 제시할 때 명목집단법을 활용한다.

[그림 8-7] 작성된 블랭크 차트 예

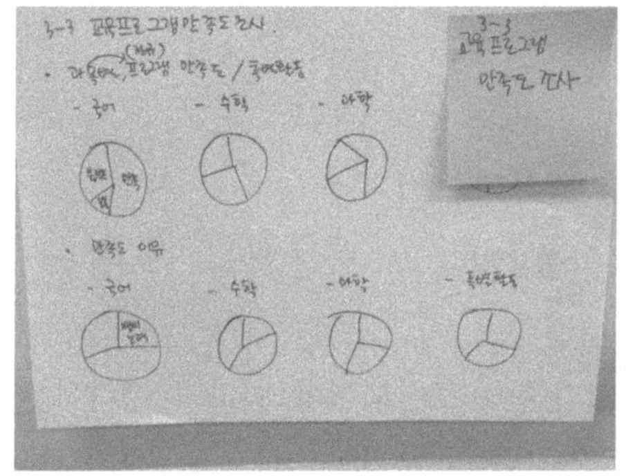

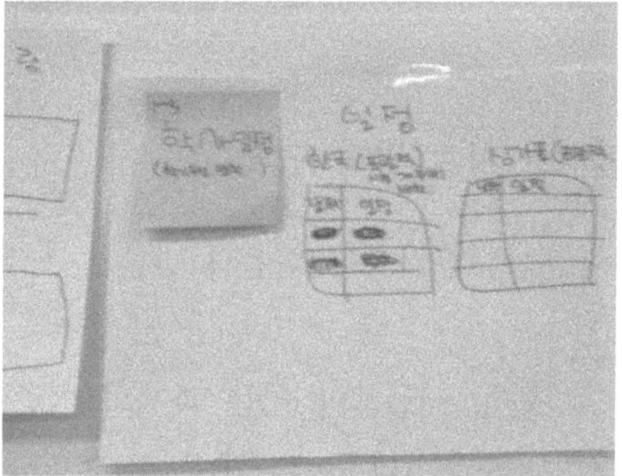

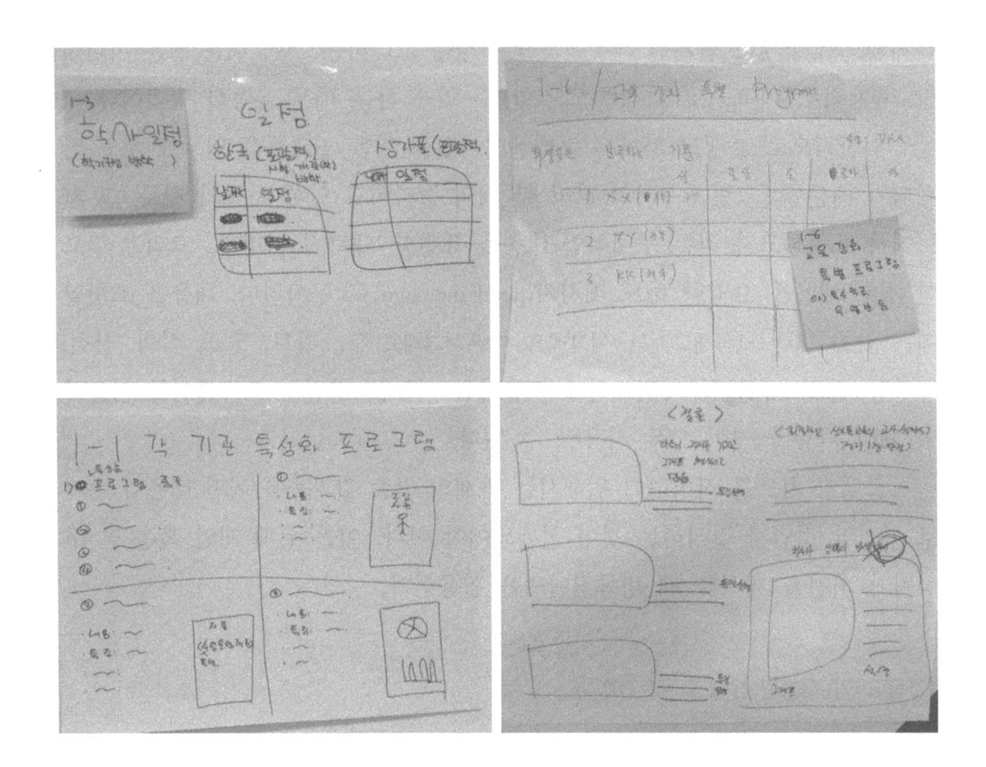

블랭크 차트 작성 단계

블랭크 차트는 다음과 같은 순서로 작성한다.

첫째, 해결해야 하는 과제의 최종 결과물에 포함되어야 한다고 생각하는 내용을 도출한다. 이때 개인 혹은 팀원들은 자신의 생각을 말로 표현하기보다는 명목집단법을 활용하여 포스트잇이나 메모지에 자신의 생각을 적는다. 이때 규칙에 따라 한 장에는 한 개의 의견만 적는다. 팀장 또는 사회자는 팀원들이 적절한 개수의 의견을 제시할 수 있도록 '의견을 세 가지씩 작성해주세요'와 같이 진행할 수도 있다. 그러나 시간이 허락한다면 다양한 경험과 선행지식을 가진 팀원들이 되도록 많은 아이디어를 제시하여 아이디어 중 적절한 것을 선택, 활용할 수 있도록 한다.

둘째, 작성된 다양한 아이디어를 팀원들이 상의하여 논리적으로 배열한다. 팀원들이 제안한 아이디어는 중복되거나 논리적으로 대치되거나 아이디어가 포함하는 범위가 미시적인 것부터 거시적인 것으로 매우 다양할 수 있다. 따라서 제시된 아이디어를 모두 선택하는 것이 아니라 팀원들이 충분히 논의하여 필요한 것을 선택하여 이를 적적히 배열해야 한다.

셋째, 최종 선정된 아이디어를 팀원들이 나누어 각각 블랭크 차트로 작성한다. 최종 결과물을 구성하는 데 적절하다고 판단된 아이디어를 어떻게 표현하는 것이 가장 적절한지 고민하는 단계다. 제시해야 하는 내용의 특성에 따라 어떤 것은 개조식으로, 어떤 것은 막대그래프나 원그래프로, 어떤 것은 사진으로 표현하는 것이 적절하기 때문이다. 이때 내용의 표현방법에 따라 수집해야 하는 자료와 수집방법이 달라진다. 따라서 내용의 표현방법을 선택할 때는 과제의 성격, 최종결과물의 성격 등을 고려해야 한다.

[그림 8-8] 블랭크 차트 작성하기 1 : 아이디어 도출부터 블랭크 차트 작성하기까지

선정된 과제 : 지원율을 높일 수 있는 학교의 장점을 최대한 드러난 홈페이지 개발

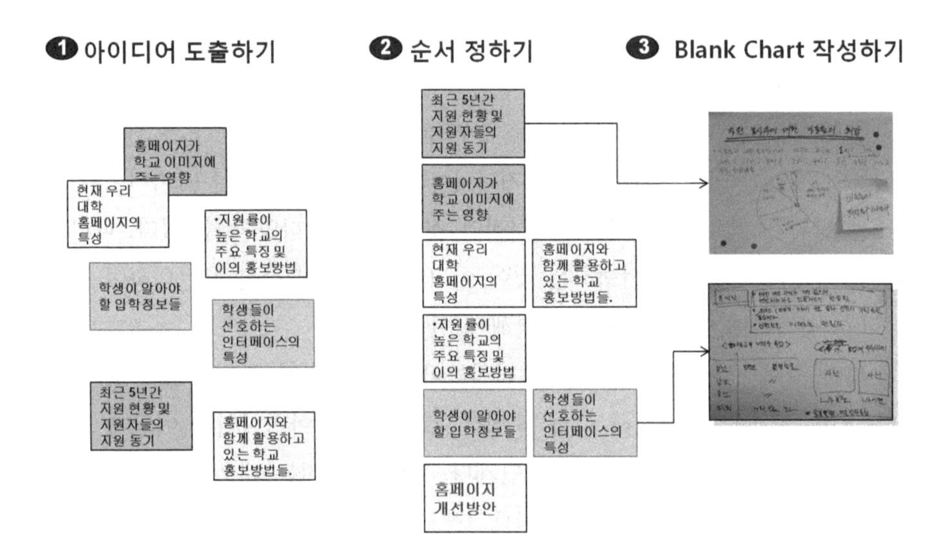

넷째, 작성된 블랭크 차트를 다시 아이디어를 배열했던 순서대로 배열한 후 '블랭크' 부분을 채우기 위해 학습팀이 무엇을 할 것인지 도출한다. 팀원들이 작성한 블랭크 차트를 순서에 따라 배열한 후 블랭크 차트에 제시된 내용 표현 방법을 함께 점검한다. 이때 전체적으로 중복되는 내용이 있는지, 순서를 조정해야 하는 것이 있는지, 내용 표현이 수정되어야 하는 것이 있는지에 대해 서로 의견을 교환한다. 팀원들의 의견을 반영하여 블랭크 차트의 순서 및 표현 방법 등이 결정되면, 블랭크 차트의 빈 부분을 채워 최종 결과물을 완성하기 위해 필요한 학습내용을 도출한다.

다섯째, 도출된 학습내용을 누가 어떻게 학습할 것인지 역할을 분담한다. 이때 조사방법 및 학습방법에 대해서 팀원 모두가 의견을 제시하는 것이 바람직하다.

여섯째, 자신이 맡은 부분에 대해서 개별적으로 조사 및 학습활동을 한다.

일곱째, 학습과 조사 내용을 토대로 블랭크 차트의 빈 공간을 모두 채워 차트를 작성한다.

여덟째, 팀원들이 작성한 차트를 원래의 순서대로 배열한 후, 최종 결과물을 완성하기 위한 논의를 한다. 이때 추가로 보완되어야 할 부분이 있는지 확인하고 추가적인 학습계획을 수립하여 과제 결과물을 보완·완성한다.

[그림 8-9] 블랭크 차트 작성하기 2 : 작성된 블랭크차트 배열하기부터 역할분담하기까지

Blank Chart	이 Blank Chart의 완성을 위해 학습팀이 수행해야 할 세부행동	담당자	마감 시한
	현재 개발된 제품의 특성 조사	성영제	다음주 금요일
	소비자의 불만 사항 정리		목요일 저녁
	국내외 우수제품의 특성 비교	김철수	
	......	......	

블랭크 차트는 간단하지만 문제해결의 초기 단계에서 체계적으로 문제해결 계획을 세울 수 있도록 돕는 도구이다. 정보수집의 내용과 정리를 어떻게 할 것인가를 그림으로 나타내기 때문에 무엇을 해야 할지 명확해져서 자료수집과 분석활동의 시행착오를 줄일 수 있다. 자료 수집을 할 때 단순히 항목별로 역할 분담을 하면 서로가 어떤 식으로 자료를 수집해서 정리해 올 것인지는 다 끝나서 보여줄 때까지 모를 것이다. 또한 과제를 전체적으로 파악하여 해결 계획을 수립할 수 있다는 장점을 갖고 있기 때문에 블랭크 차트는 많은 기업에서 과제해결 도구로 활용하고 있다.[37]

정보 수집 및 정리 양식

문제를 해결하기 위해서는 다양한 조사 및 학습이 이루어져야 한다. 블랭크 차트와 로직트리가 무엇을 조사하고 학습할 것인가를 결정하는 데 도움을 주는 것이라면, 다음에 제시된 여러 유형의 양식은 수집한 자료를 체계적으로 정리하는 데 도움을 주는 것이다.

인터뷰

자료 수집을 위한 방법 중 보편적으로 많이 이루어지는 것이 인터뷰이다. 인터뷰는 특정한 정보를 얻을 목적으로 개인이나 소규모 집단을 대상으로 대화 형식으로 진행되는 조사방법이다. 인터뷰의 방법으로는 다음과 같이 크게 표준화 인터뷰, 반표준화 인터뷰, 비표준화 인터뷰의 3가지로 구분된다.

표 8-3 | 인터뷰의 종류

	표준화 인터뷰	반표준화 인터뷰	비표준화 인터뷰
형식	• 질문과 그 순서가 정해진 설문지를 사용한다. • 질문은 사용하는 단어를 바꾸지 않고 설문지에 지정된 대로 사용한다. • 미리 계획하지 않은 추가질문은 없다.	• 질문의 내용과 목록이 어느 정도 정해져 있다. • 질문의 순서, 형식이나 단어의 조합은 상황에 따라 조절할 수 있다. • 응답자의 답변에 따라 추가질문이 있을 수 있다.	• 커다란 주제를 정할 수 있지만 대체적으로 정해진 질문의 내용이 없다. • 자연스러운 대화의 형식을 취한다. • 응답자의 답변에 따라 추가질문이 있을 수 있다.

인터뷰의 장점과 단점은 모두 인터뷰가 대화의 형식을 취하고 있기 때문에 발생하는데, 주요 내용은 다음과 같다.

표 8-4 | 인터뷰의 장점과 단점

장점	단점
• 편안한 분위기에서 진행되므로 민감하거나 공개된 장소에서 말하기 힘든 내용을 조사할 수 있다. • 질문의 뜻을 명확히 할 수 있다. • 자세하고 광범위한 내용을 조사할 수 있다. • 당면 문제나 사업에 대한 답변자의 의견을 있는 그대로 들을 수 있다.	• 인터뷰 진행자의 숙련도가 요구된다. • 시간이 오래 걸린다. • 다수의 표본을 조사할 수 없다. • 인터뷰 진행자의 편견이 개입될 수 있다. • 인터뷰 진행자의 역량에 따라 중요한 정보를 놓칠 수 있다. • 분석이 어렵다. • 같은 주제라 해도 각기 다른 관점에서 전혀 다른 이야기를 할 수 있으므로 자료의 개연성이 없다.

인터뷰를 할 때, 명확한 계획 없이 진행할 경우 주어진 시간 안에 충분히 정보를 수집하지 못하거나 정작 가장 필요했던 자료를 빠뜨리게 되는 경우가 발생할 수 있다. 방문 전에 필요한 정보와 자료가 무엇인지 살펴보고 이를 수집할 수 있는 방법과 질문에 대해 계획해야 한다.

인터뷰를 위해 적절한 대상을 선택하는 것도 중요하지만 적절한 질문을 던

표 8-5 | 인터뷰 활동 계획표

일시		장소	
인터뷰 대상			
인터뷰 목적			

No.	질문을 통해 얻고자 하는 정보	질문

지는 것도 중요하다. 주어진 시간 안에 효율적인 인터뷰를 진행하려면, 먼저 질문을 통해 얻고자 하는 정보가 무엇인지를 정한 후, 이러한 정보를 위해 가장 좋은 질문이 무엇인지를 생각해서 준비해야 한다. 이때 미리 계획된 질문을 이메일 등을 이용하여 먼저 보낸 후 방문한다면 효율적·효과적인 자료 수집이 이루어질 수 있을 것이다.

인터뷰는 다음과 같은 단계로 진행한다.

1단계 : 인터뷰 준비

인터뷰 목적을 명확히 설정한 후 인터뷰활동계획표를 준비한다.

2단계 : 인터뷰의 시작

신뢰를 구축하면서 시작한다.

3단계 : 인터뷰의 수행

질문 및 기록

4단계 : 인터뷰의 마무리

- 응답자에게 말할 기회를 주며
- 말한 것에 대하여 요약
- 인터뷰 내용의 유용성에 대하여 이야기하고
- 미래의 일에 대하여 약속하며
- 인터뷰에 대한 감사의 표시를 한다.

요구분석을 위한 질문 항목

수요자를 대상으로 요구분석을 위해 인터뷰를 할 경우에는 개방형 질문이 바람직하다. 인터뷰에서 다음과 같은 질문 항목들이 도움이 될 수 있다.

1. 명확성 확보를 위한 질문
   - ~라고 하셨는데 어떤 의미인가요?
   - 좀 더 자세히 설명해주시겠어요?
   - 예를 든다면 어떤 것이 있나요?

2. 탐구를 위한 질문
   - 구체적으로 어떤 부분이 불편한가요?
   - 그 이유가 무엇이죠?
   - 가장 (불)만족스러운 부분은 어떤 부분인가요?

3. 비교를 위한 질문
   - 다른 것과 비교하면 어떤 차이가 있나요?
   - 이전과 비교하면 무엇이 다른가요?

4. 요구를 알아내기 위한 질문
   - 가장 원하는 기능(서비스)은 무엇인가요?
   - 이것이 어떻게 변하기를 바라나요?

인터뷰를 마치면 수집된 자료로부터 의미 있는 시사점을 도출해야 한다. <표 8-6>과 같이 답변 내용을 요약한 후 팀원들과 함께 그 내용들을 공유하면서 시사점을 도출해보고, 향후 필요한 행동에 대해 계획한다.

표 8-6 | 방문조사 활동 결과 보고

No.	질문	답변 내용 요약	문제 해결을 위한 시사점	향후 필요한 행동

문헌 조사

다양한 문헌을 탐색하는 것도 정보를 수집하는 데 필요하다. 공식적, 비공식적, 학문적, 비학문적 문헌 모두가 조사 대상이 될 수 있고 이들로부터 의미 있는 사실이나 시사점을 얻을 수 있다. 이 경우에도 문헌들을 무턱대로 탐색하기보다는 조사목적과 얻고자 하는 결과를 구체화하면 어떠한 성격의 문헌을 탐색해야 할지 명확해질 수 있다.

표 8-7 | 문헌 조사 계획표

No.	조사목적	조사를 통해 얻고자 하는 정보	조사 대상 문헌

인터넷을 활용하면 손쉽게 필요한 자료를 빠르게 검색, 찾을 수 있다. 컴퓨터를 이용하여 자료를 검색할 때 도움이 되는 주요 사이트와 제공되는 자료의 특징을 요약하면 다음과 같다.

표 8-8 | 인터넷을 이용한 문헌 검색

기관명(웹사이트)	특징
한국교육학술정보원 (KERIS) http://riss4u.net	• 국내 1,100개 학회 및 대학부설 연구소 발행 학술지에 수록된 논문 64만 건의 원문 및 해외학술지에 수록된 논문 1,500만 건 검색 가능

기관명(웹사이트)	특징
	• 국내 100여 개 대학도서관 수여 석·박사 학위논문 20만 건 및 내국인의 해외 취득 박사 학위논문 2만 건의 원문 제공 • 국내 420여 개 대학/전문도서관이 소장하고 있는 단행본 및 비도서자료 620만 건(CD-ROM, 비디오 등) • 국내 학술지 35,000여 종과 해외 학술지 67,000여 종의 검색 및 권호별 소장정보 확인
국가전자도서관 http://www.dlibrary.go.kr	• 참여기관의 데이터베이스 검색 및 원문제공 (국립중앙도서관, 국회도서관, 법원도서관, 한국과학기술원과학도서관, 한국과학기술정보연구원, 한국교육학술정보원, 농촌진흥청 농업과학도서관, 국가지식포털, 국방전자도서관) • 국내외 도서관, 유관기관, 국제기구들의 웹사이트 링크
국회도서관 http://nanet.go.kr	• 석·박사학위, 국내학술잡지, 세미나 자료, 정기간행물 원문 DB 구축 • 단행본, 국내 정부간행물, 신문검색 목록과 외국학술잡지 색인 제공
누리미디어 DBPIA http://www.dbpia.co.kr	• 인문/사회/어문/경제, 경영/ 교육/ 신학/법학, 행정/의학/예,체능/공학/자연과학 11개 분야의 학회, 협회 및 출판사에서 발행하는 600여 종의 정기간행물을 창간호에서부터 최근호까지 데이터베이스화
한국학술정보(주) http://kiss.kstudy.com	• 80만 편의 국내학술지, 대학간행물, 연구논문집 제공

기관명(웹사이트)	특징
학지사 학술논문원문서비스 http://www.nenonmun.com	• 어문학, 인문과학분야, 사회과학분야, 교육분야, 기타 분야의 국내 학위, 학술논문 검색과 원문 제공 • 국내외 기관과 학교 도서관 홈페이지 검색 사이트 링크
Institute of Education Sciences E*Subscribe http://eric.ed.gov/	• ERIC에 수록된 자료 중 1993~2004년 7월까지의 자료 원문 무료 제공 • 1993년 이전 자료는 비용 지불 후 제공
EBSCOhost Electronic Journals Service http://ejournals.ebsco.com	• 전 분야 8개 컨소시엄 저널에 대한 통합 검색과 원문 제공
DIALOG http://dialog.krinfo.com	• 전 세계의 도서관, 학회, 데이터베이스 등을 연결하여 자료검색 및 원문 제공
Library Congress http://leweb.iec.gov	• 미국 국회도서관
Google 학술검색 http://scholar.google.co.kr/	• Google에서 2004년 11월에 선보인 학술자료에 특화된 검색 서비스로 인터넷으로 제공되는 e-book과 e-journal에 실린 학술자료를 검색 가능

출처: 성태제, 시기자(2006). 연구방법론. 학지사.

문헌 연구결과는 팀 구성원들과 공유해야 한다. 구성원들이 쉽게 이해할 수 있도록 각자 조사해온 정보들을 요약, 정리한다. 조사해온 내용들은 문제해결에 중요한 시사점을 줄 수 있다. 조사내용별로 어떤 시사점을 줄 수 있는지 각자 아이디어를 작성해 본 후, 중요한 시사점의 경우 향후 필요한 행동에 대해 계획을 세워야 할 것이다.

표 8-9 | 문헌 연구 결과

No.	조사내용	출처	문제 해결을 위한 시사점	향후 필요한 행동

[참고자료]

자료의 시각화

기획안 작성 시 가독성을 높이기 위해 시각자료를 활용하는 것이 바람직하다. 통계자료 및 내용을 제시할 때 중요한 내용이 잘 전달될 수 있도록 구조화하는 것이 필요하다.

○ 막대그래프

통계를 낼 때 사물의 양을 막대 모양의 길이로 나타낸 그래프를 말한다. 크고 작음을 한 눈에 이해할 수 있기 때문에 이해하기엔 가장 편리하다. 시간의 흐름에 따라 변하는 내용을 표현하는 것은 주로 꺾은선그래프가 이용된다. 막대를 세로로 할 수도 있고 가로로 할 수도 있다. 가독성 면에선 항목이 적을수록 가로가 좋고 항목이 많을수록 세로가 좋다.

막대그래프와 히스토그램은 주로 공시적 자료를 다룰 경우 쓰이는 그래프이다. 연속적 자료의 경우 히스토그램이라고 부르고, 불연속적(=이산적) 자료의 경우 막대그래프라고 부른다. 시각적으로 보아 둘 사이의 차이점은 막대들의 모양으로, 막대가 서로 붙어 있으면 히스토그램이고 서로 떨어져 있으면 막대그래프라고 보면 된다.

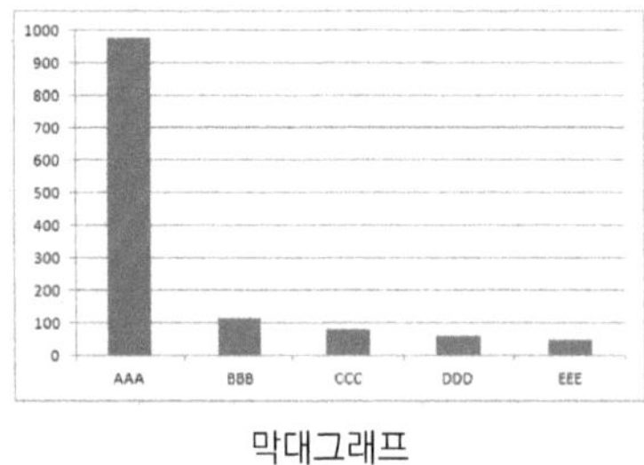

막대그래프

히스토그램

시각적으로 최고의 디자인을 구현하는 것이 중요한데, 예컨대 { 45, 47, 51, 44, 49 }에 해당하는 막대그래프를 그리는데 수직 축을 덮어놓고 0에서부터 올라가도록 한 뒤 2씩 끊어 놓으면 보기에 몹시 불편하다.

이럴 경우 하단을 물결표를 써서 잘라 놓고, 가장 아래쪽은 40, 가장 위쪽은 55로 범위를 잡아서 5씩 끊어 놓으면 보기에 좋다. 44와 45가 유사해 보일 수 있으니, 필요한 경우 각각의 막대 위에 각 수치를 기입해 두는 것도 좋다. 막대가 가로로 놓여 있을 경우에는 bar chart, 세로로 놓여 있을 경우에는 column chart라고 해서 구분하기도 한다.

○ 선그래프

선그래프 또는 꺾은선그래프는 수량을 점으로 표시하고 그 점들을 선분으로 이어 그린 그래프를 말한다. 시간에 따라 어떠한 값이 지속적으로 변화하는 것을 기록할 때 유용하며, 조사하지 않은 중간의 값도 예측할 수 있다는 장점이 있다. 숫자로만 적으면 지속적으로 변화하는 것의 흐름을 정확히 파악하기가 어렵기 때문에 이런 상황에서는 꺾은선그래프가 유용하다. 월별 평균기온과 강수량 그래프에서 주로 월 평균기온에 해당하는 그래프이다.

선그래프는 연속적 자료를 다루거나 통시적 자료를 다룰 경우, 동일하거나 일련의 관찰대상의 추이를 비교할 경우, 추세(trend)를 관찰할 경우에 쓰이는 그래프이다. 선그래프는 파생형이 다양하다. 통시적인 시계열 연구와 결합할 경우에는 순서도(run chart), 흐름도(flow chart) 등의 변형으로 나타난다. 범위 정보를 같이 제공할 경우에는 팬 차트(fan chart)라고 불린다. 주식시장에서 보이는 그래프는 스파크라인(sparkline)의 변형이다. 일반인들에게 익숙할 다른 변종으로는 레이더도표(radar plot)가 있는데, 이는 원형에 유사한 다각형의 모양으로 표현하는 꺾은선그래프이다.

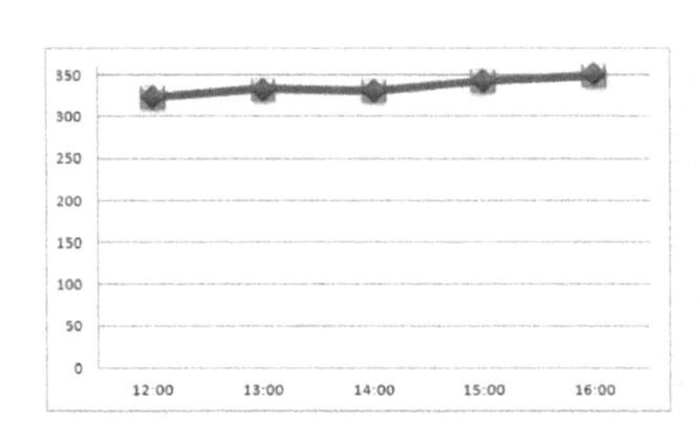

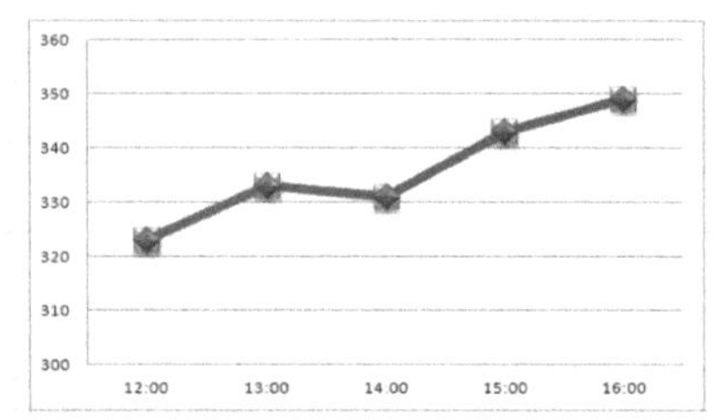

○ 원그래프

원그래프는 전체에 대한 각 항목의 비율을 원 모양으로 나타낸 그래프다. 백분율을 사용할 경우에만 편리한 그래프이다. 비율그래프의 일종으로 전체에 대한 부분의 비율을 한 눈에 알 수 있기 때문에 비율을 나타낼 때 편리하다. 해석할 때는 각 조각(부채꼴)에 쓰여 있는 비율 수치 또는 각 조각의 크기가 비율에 비례한다는 점을 이용한다. 실제론 직접 원에 정확히 부채꼴을 그리기 어렵기 때문에 컴퓨터로 많이 만든다.

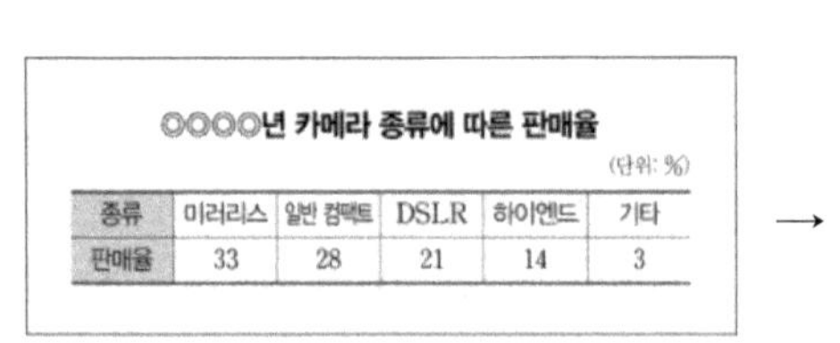

○○○○년 카메라 종류에 따른 판매율

(단위: %)

종류	미러리스	일반 컴팩트	DSLR	하이엔드	기타
판매율	33	28	21	14	3

→

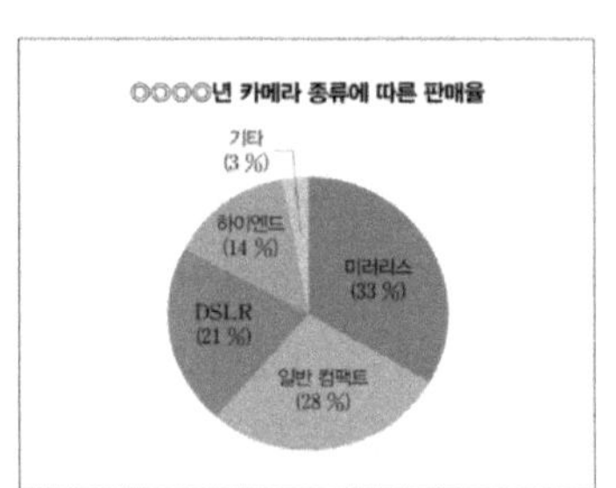

원그래프는 비율 데이터를 나타내는 시각화 방식이다. 전체를 100%로 놓고 그 중에서 무엇이 얼마나 많은 비율을 차지하고 있는지 확인하는 도표이다. 간혹 원형이 아니라 도넛 형태로 표기되기도 하며, 일부는 잘라서 살짝 밖으로 빼내어 보여주기도 한다. 각각의 항목들에 대한 세부 정보는 보통 원 내부에 표기하는데, 비율이 너무 낮을 경우에는 연결선을 따로 빼내어 표기한다. 간혹 원그래프 전체를 3차원의 입체 형태로 나타내기도 한다. 원그래프의 치명적 단점은 흑백 인쇄할 경우 컬러만큼 구분이 명확하지 않을 수 있다는 것이다. 따라서 흑백 환경에서 원그래프를 사용해야 할 경우에는 가로선이나 세로선 및 점박이 등의 패턴 무늬를 넣기도 한다.

(출처: 나무위키 막대그래프, 선그래프, 원그래프)

○ 그래픽 조직자

정보의 시각화에 대한 대표적 연구는 조직자에 대한 것이다. 특히, 시각적 조직자는 구조적인 지식에 대한 정보를 제공하기 위하여 텍스트의 핵심 내용을 시각적으로 제시하는 방식으로 시각적 사고를 촉진하여 지식의 구성 과정을 도와준다. 시각적 조직자는 위계적 조직자, 비교 조직자, 연속적 조직자, 다이어그램 등 다양한 유형이 존재한다.

[그림] 지식 조직자의 분류

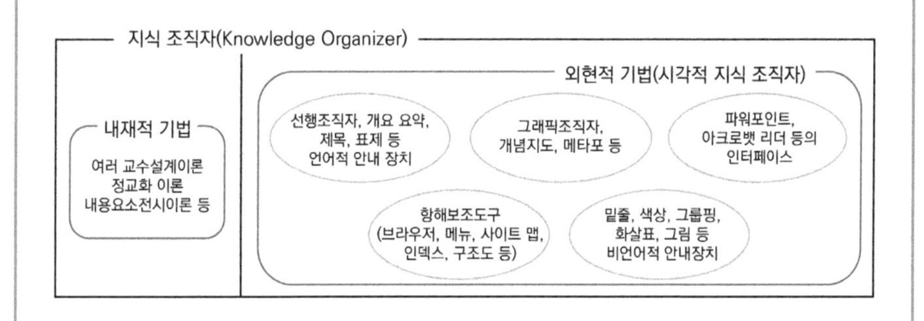

시각적 조직자는 언어 우위의 조직자와 시각 우위의 조직자로 구분된다(한안나, 2006a). 언어 우위의 조직자는 언어적 요소의 역할이 두드러진 유형으로 패턴 노트, 매트릭스, 흐름도, 다이어그램, 차트 등이 속한다. 시각 우위의 조직자는 시각적 요소의 역할이 두드러진 유형으로 파워포인트 프로그램에서 여러 슬라이드를 한 번에 작은 이미지로 보여주는 인터페이스나 아크로뱃 리더 프로그램의 왼쪽 프레임에 제시되는 페이지의 작은 레이아웃 이미지 등이 속한다. 즉 전체 페이지에 대한 작은 축소판의 썸네일(thumbnail) 그래픽 형태들로 언어적 단서를 통해 구체적인 정보를 제공해 주진 않지만 제시된 그래픽에서 문서에 대한 정보를 담고 있는 조직자 유형이라 할 수 있다. 이외에도 제목, 개요, 목차, 강조기법, 텍스트 배치 및 레이아웃, 개념지도, 메타포, 상징, 유추 등도 지식 그 자체는 아니면서 지식을 설명하기 위하여 편의적 혹은 조작적 방식으로 지식과 정보를 구조화하여 제시하는 조직자 전략에 포함시킬 수 있다.

지식 조직자에 포함된 그래픽 조직자는 기존의 선행 조직자가 학습자들의 능동적인 주의집중을 끌지 못함과 통합 노력이 결여되어 있다는 문제점을 해결하기 위해 Barron과 Stone(1974)이 개발한 것이다. 그래픽 조직자는 선행 조직자의 변형된 형태로 구조적 지식에 대한 정보를 제공하기 위하여 텍스트의 핵심 내용을 시각적으로 제시하는 방식이다. 그래픽 조직자는 구조적 지식에 대한 정보를 제공하기 위하여 텍스트의 핵심 내용을 시각적으로 제시하는 방식이다. 그래픽 조직자는 다양한 형태로 제시될 수 있으며, 다루는 정보의 특성에 따라 적절한 형태를 선택할 수 있다. 원인과 결과, 내용정리, 개념의 비교 및 대조, 문제와 해결안의 조직, 주요 아이디어에 대한 정보들의 관계표시 등을 할 수 있다.

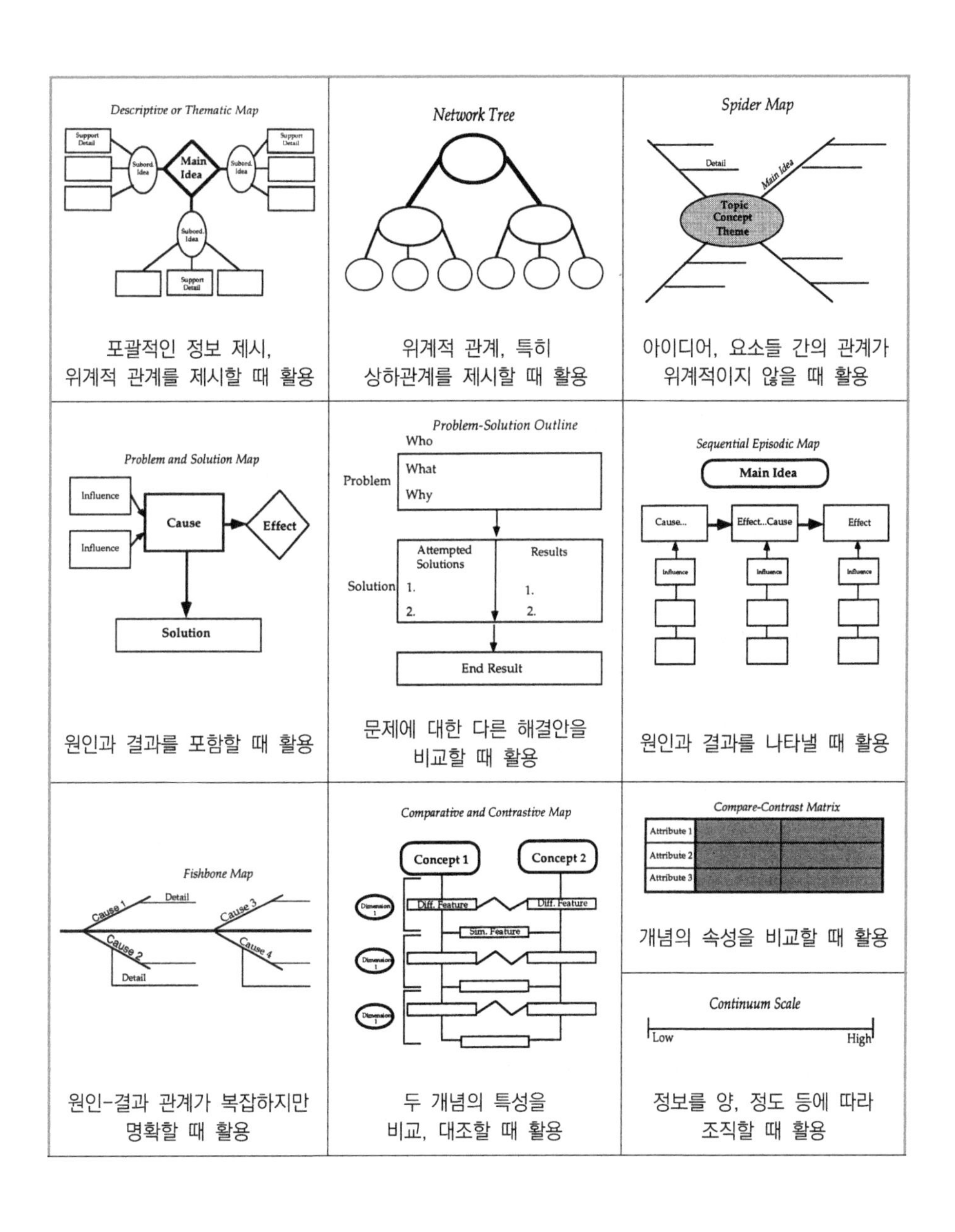
Descriptive or Thematic Map
Support Detail
Subord. Idea
Main Idea
Support Detail
포괄적인 정보 제시,
위계적 관계를 제시할 때 활용
Network Tree
위계적 관계, 특히
상하관계를 제시할 때 활용
Spider Map
Detail
Main Idea
Topic
Concept
Theme
아이디어, 요소들 간의 관계가
위계적이지 않을 때 활용
Problem and Solution Map
Influence
Cause
Effect
Solution
원인과 결과를 포함할 때 활용
Problem-Solution Outline
Who
What
Why
Problem
Attempted Solutions
Results
Solution
1.
2.
End Result
문제에 대한 다른 해결안을
비교할 때 활용
Sequential Episodic Map
Main Idea
Cause...
Effect...Cause
Effect
Influence
원인과 결과를 나타낼 때 활용
Fishbone Map
Cause 1
Cause 2
Cause 3
Cause 4
Detail
원인-결과 관계가 복잡하지만
명확할 때 활용
Comparative and Contrastive Map
Concept 1
Concept 2
Dimension 1
Diff. Feature
Sim. Feature
두 개념의 특성을
비교, 대조할 때 활용
Compare-Contrast Matrix
Attribute 1
Attribute 2
Attribute 3
개념의 속성을 비교할 때 활용
Continuum Scale
Low
High
정보를 양, 정도 등에 따라
조직할 때 활용

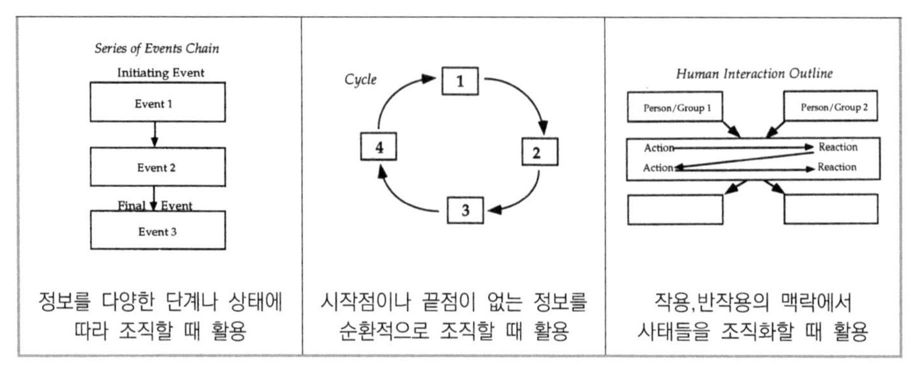

출처: 장경원(2011). 학습자 중심 교육에서 '블랭크 차트'의 활용전략에 대한 연구. 교육방법연구, 23(2), 299-321.

이해관계자 분석

이해관계자란 프로젝트에 의해 영향을 받게 되거나 프로젝트의 결과물에 영향을 미치게 될 개인이나 집단 또는 기관을 말한다. 이해관계자 분석의 기본 목적은 프로젝트 수행과정과 결과물을 다양한 면에서 검토하기 위한 것이다. 이해관계자들은 프로젝트 수행과정에서 언제든 개입될 수 있다. 따라서 프로젝트와 관련되어 긍정적 또는 부정적 영향을 받거나 영향을 미치는 이해관계자들이 존재하는 경우에는 이해관계자 분석이 필수적이다.

이해관계자 분석에서는 프로젝트와 관련 있는 모든 관계자들을 나열하고 왜 그들이 이 프로젝트와 관련성이 있는지, 어떻게 관련성이 있는지를 파악해야 한다. 이러한 과정을 통해 프로젝트를 수행하면 누가 혜택을 받게 되거나 누구에게 영향을 미치게 될지를 고려하여 프로젝트를 구상하는 것이 이해관계자 분석의 최종 목적이다.

이해관계자 분석은 한 번 하고 끝나는 것이 아니고, 이후 프로젝트 수행과정에서 새로운 정보가 확보될 때마다 업데이트하여 최종 결과물에 이들의 요구사항이나 이해관계가 최대한 반영될 수 있도록 해야 한다.

이해관계자 분석은 다음과 같은 점에서 유용하다.

첫째, 프로젝트의 해결대상이 되는 문제로부터 영향을 받는 사람들의 요구를 구체적으로 파악할 수 있다.

둘째, 프로젝트가 외부자로서 개입하는 경우, 해당 집단의 당면 프로젝트에 대한 이해부족을 깨닫고, 관계자들의 적극적인 참여를 장려할 수 있다.

셋째, 프로젝트의 실시로 인해 이득을 얻는 사람과 손해를 보는 사람이 누구인지 잠정적으로 파악 가능하다.

넷째, 프로젝트의 부정적인 영향과 일어날 수 있는 위험을 사전에 제거 또는 감소시키기 위한 노력이 가능하다.

다섯째, 프로젝트에 참가해야 할 대상과 실시과정 가운데 영향을 미칠 수 있는 사람이 누구인지 파악 가능하다.

이해관계자의 분류

프로젝트와 관련된 이해관계자에는 프로젝트로 인해 긍정적 영향을 받는 관련자, 부정적 영향을 받는 관련자, 프로젝트 수행 관련자 등이 포함된다. 프로젝트와 관련하여 발생하는 갈등 상황이나 쟁점에 대해 이해관계가 있는 사람이나 조직 모두 이해관계자에 포함된다. 이해관계자는 다음 <표 8-10>처럼 분류될 수 있다. 이 가운데 프로젝트와 관련된 이해관계자에 대해서만 분석한다.

표 8-10 | 이해관계자의 분류

분류	의미
수혜자	프로젝트로 인해 이익을 얻게 되는 이해관계자
부정적으로 영향을 받는 집단	프로젝트로 인해 부정적 영향을 받게 되는 이해관계자
잠재적 방해자	프로젝트에 반대하거나 방해할 수 있는 이해관계자
지원 집단	프로젝트 수행에 협력하는 이해관계자
기타	
- 정책결정자	정책결정의 권위를 가진 이해관계자
- 자금 조달 기관	비용을 통제하는 이해관계자
- 수행기관	프로젝트를 실시하는 이해관계자
- 지역사회 지도자	지역사회를 대표하는 이해관계자

이해관계자 분석의 절차

1단계 : 이해관계자 확인

프로젝트에 관여하게 되거나 영향을 받게 되는 개인이나 집단, 기관들을 나열해본다. 이해관계자 범위는 넓을 수 있지만 핵심적인 이해관계자로 범위를 줄이는 것이 중요하다. 이해관계자의 분류는 프로젝트의 성격에 따라 정할 수 있다.

2단계 : 이해관계자에 대한 상세분석

이해관계자 분석 매트릭스를 활용하여 각 이해관계자에 대한 기본 정보, 문제해결 동기, 강점 및 약점 등을 분석할 수 있다. 이를 통해 이해관계자에 대한 이해도를 높이고 이들을 어떻게 프로젝트에 참여시킬 것인지에 대한 시사점을 도출한다. 먼저, 이해관계자들을 중요도와 영향력 측면에서 순위를 매긴 후, 순위가 높은 이해관계자를 중심으로 상세분석을 실시한다.

표 8-11 | 이해관계자들의 우선순위

	이름	우선순위*
수혜자		
지지자		
반대자		
재원지원자		
의사결정자		
수행기관		

* 우선순위 : 중요도와 영향력 측면에서 1위부터 순위를 매긴다.

표 8-12 | 이해관계자 분석 매트릭스

대상 집단	관심사, 문제해결동기	특성	시사점

공감을 위한 도구들

어느 교실이든 칠판 앞에는 교탁이 있다. 다른 대학과 마찬가지로 우리 대학의 교탁 윗부분엔 컴퓨터 화면을 비롯한 여러 기계 장치들이 있다. 그걸 보면 이런 생각이 든다. 이걸 만들 때 교수들에게 물어보거나 강의하는 모습을 관찰했다면 이렇게 만들지 않았을 거라는... 예컨대, 다른 교수들도 마찬가지겠지만 나 역시 수업을 할 때 음료수를 가지고 들어가는데 이걸 놓을 곳이 없다. 기울어진 면에 물통을 놓다가 떨어진 적도 몇 번 있다. 강의하는 사람 입장에서 생각하지 않은 결과다.

공감할 수 없는 물건들

"이거 만든 사람은 도대체 무슨 생각으로 만들었을까?"라는 생각이 드는 경우가 종종 있다.

[그림 8-10] 레이저포인터

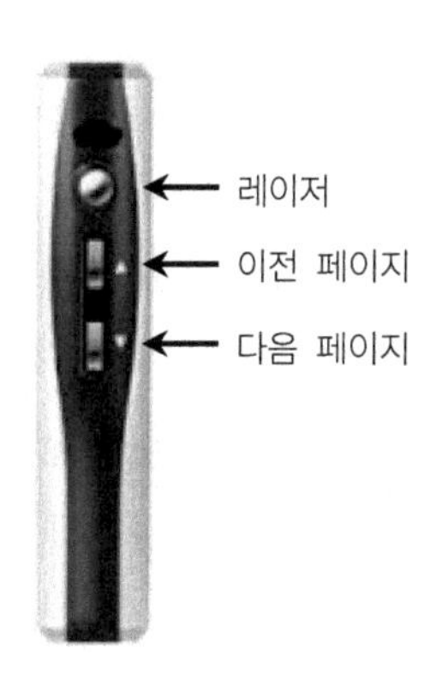

[그림 8-10]은 내가 강의할 때 이용하는 포인터다. 맨 위의 동그라미 모양은 레이저 광선이 나오는 버튼이다. 그 아래 두 개의 막대 버튼이 있는데 하나는 이전 페이지로 돌아가는 버튼이고 다른 하나는 다음 페이지로 넘어가는 버튼이다. 다음 페이지로 넘어가는 버튼은 레이저 바로 아래에 있는 것이 좋을까? 아니면 그 아래에 있는 것이 좋을까? 내가 동료교수를 비롯해서 여러 교수자들에게 물어봤다. 모두들 내 생각과 같다. 강의하면서 이전 페이지로 넘어갈 일은 흔치 않고, 레이저 버튼을 누르면서 강의하다가 다음 페이지 버튼을 눌러야하니 그 바로 아래에 있는 것이 좋겠다는 것이다. 그런데 이 포인터는 다음 페이지 버튼

이 맨 아래에 있다. 그래서 레이저 버튼을 누르면서 강의하다가 다음 페이지를 넘길 때 간혹 이전 페이지 버튼을 눌러버리는 실수를 하기도 한다. 도대체 이 회사는 포인터를 왜 이렇게 만들었을까? 아마도 책상에 앉아 논리적 접근으로 디자인을 한 듯하다. '레이저－앞 페이지－다음 페이지'가 논리적인 순서라고 생각한 탓이 아닐까? 교수자들에게 내가 했듯 물어봤다면 이런 순서로 디자인하지는 않았을 것이라고 믿는다. 사용자와의 공감이 중요하다고 강조되는 이유다.

공감이란 타인의 입장에서 타인의 생각이나 감정을 이해하려는 노력이다. 공감은 대인관계에서만 중요한 것이 아니다. 어떤 문제를 해결하려고 한다면 그 문제의 당사자의 입장에서 바라보면서 공감하는 것이야말로 문제해결의 출발점이 되어야 할 것이다. 문제해결을 위한 공감은 현장의 문제와 기회를 규명하고 전체적인 맥락과 근본적인 문제의 원인을 조사하는 것을 포함하는 것을 의미한다. 이 과정은 목표대상의 행동을 관찰하고 인터뷰 하는 것을 포함한다. 공감을 위한 수단에는 페르소나, 공감지도 등이 있다.

페르소나

프로젝트팀의 결과물이 실질적으로 가치를 가지려면, 해결안을 생각하기 전에 확인할 것이 있다. 너무나 당연해서 종종 잊게 되는 중요한 사항이다.

- 우리의 결과물이 구체적으로 누구를 위한 것인가?
- 우리의 결과물을 사용할 사람은 어떤 유형의 사람일까?
- 그 사람은 어떤 특성을 가졌을까?
- 그 사람이 진짜 원하는 것이 무엇일까?

어느 정도 자료들이 수집되면, 이들을 기초로 서비스를 이용할 이용자를 좀 더 구체화하는 방법으로서 페르소나(persona)를 작성할 수 있다. 페르소나는 가상의 인물로 팀에서 만든 산출물을 사용할 사용자를 대표하는 인물이다. 즉, 페르소나는 최종 결과물의 사용자 요건을 가장 잘 충족시키는 잠재고객이다.

우리의 목표 고객의 관심사가 무엇일까? IT기기를 사용하는 데 능숙할까? 사람들과 자주 모임을 가질까? 어떤 운동을 좋아하나? 조용한 편인가 수다쟁이인가? 보수적인가 진보적인가? 물냉면을 좋아하나 비빔냉면을 좋아하나?

[그림 8-11] 도서관의 다문화 서비스 페르소나 예시

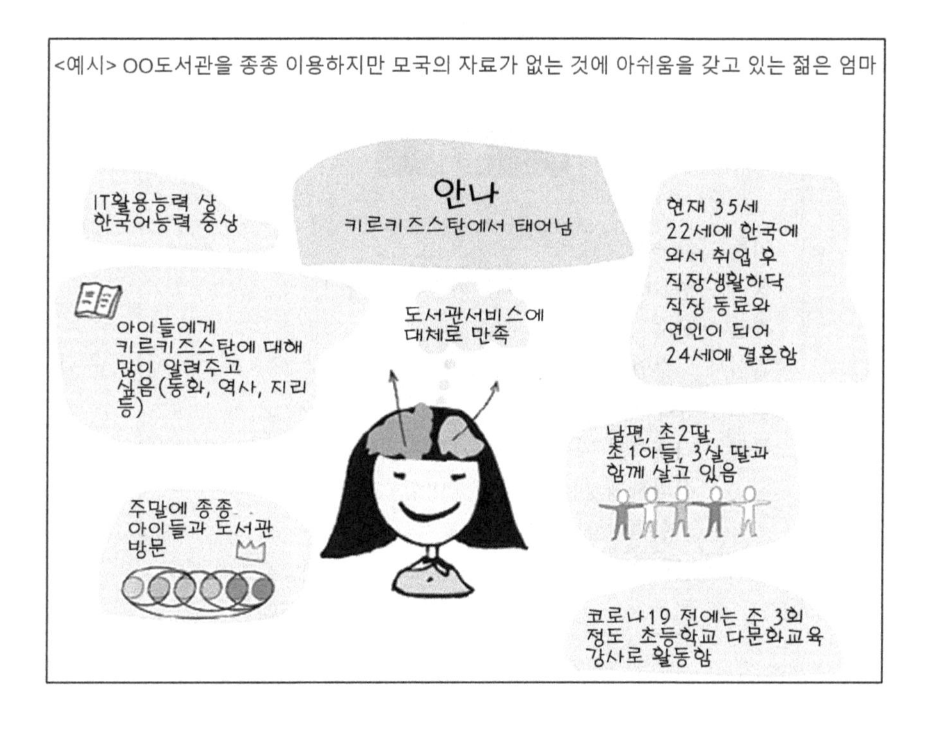

페르소나 제작을 위해 [그림 8-11] 또는 [그림 8-12]처럼 가상 인물의 프로필을 생성하고, 사진, 주요 특성, 특이 사항 등을 정리해본다. 페르소나에 대한 정보를 작성하다보면 페르소나의 중요한 특성이 무엇인지가 명확해지고 이후 진행할 아이디어 도출에 영감을 주고 최종 결과물의 방향이 잡힌다. 즉, 페르소나는 결과물의 나침판 역할을 하게 된다.

[그림 8-12] 동영상 애플리케이션 페르소나 예시

이름 : 고수일
성격 : 성실하고 친절하지만 까칠한 성격
직업 : 교수
관심사 : 수업 동영상 강의 촬영
목표 : 유튜브로 강의
특징 : 기계치에 가깝고 특히 IT 기기에 매우 미숙
강의하고 책 쓰는 걸 좋아함
권위주의를 싫어함
강의보다는 액션러닝 중심으로 수업

공감지도

공감지도는 사용자의 행동 및 태도에 대한 정보를 정리한 시각물로서, 사용자를 더 잘 이해할 수 있도록 도와주는 유용한 도구다. 정보수집 단계에서 얻은 사용자 특징에 대한 정보들에 대해 공감을 하면서 통찰력을 이끌어내는 데 목적이 있다.

공감지도의 구성 내용은 다음과 같다.

1. See : 보이는 것
- 사용자는 시장에서 무엇을 보는가?
- 사용자는 무엇을 보고 읽고 있는가?
- 사용자는 어떤 환경에 놓여있는가?

2. Say/Do : 말과 행동
- 사용자는 어떤 말(행동)을 하는가?
- 사용자는 다른 사람들 앞에서 자신을 어떻게 묘사하는가?
- 사용자는 다른 사람들과 주로 어떤 대화를 나누는가?

3. Think/Feel : 생각과 감정
- 사용자는 어떤 기분을 느끼고 있는가?
- 사용자는 이 상황을 어떻게 생각하고 있는가?

4. Hear : 들은 것
- 사용자는 주변 사람들로부터 무슨 말을 듣는가?
- 사용자는 어디서 정보를 얻는가?
- 사용자에게 영향을 미친 것 또는 사람은 누구인가?

5. Pain : 사용자는 어떤 불편함이 있는가?
- 사용자가 극복해야 할 장애물이 무엇인가?
- 사용자는 어떤 불만이 있는가?
- 사용자는 어떤 두려움이나 걱정이 있는가?

6. Gain : 얻고자 하는 것
- 사용자가 바라는 것은 무엇인가?
- 사용자의 목표는 무엇인가?

이처럼 사용자가 말하고, 행동하고, 보고, 듣고, 생각하고, 느낀 점 등에 대해 정리해보는 과정을 통해 사용자가 해결하려는 문제나 얻고자 하는 기대사항들이 무엇인지에 대해 알아보려는 것이다.

공감지도를 작성하는 단계는 다음과 같다.

① 큰 종이에 공감지도 양식을 그린다.
② 정보수집단계에서 얻은 정보를 기초로 팀원들은 위 6개 항목들에 대해 작성한다.

③ 공감지도에 적힌 내용들을 보면서 시사점을 도출하여 이후 아이디어 구상 단계에 반영한다.

[그림 8-13] 공감지도 작성 예시(장경원 외, 2019)[38]

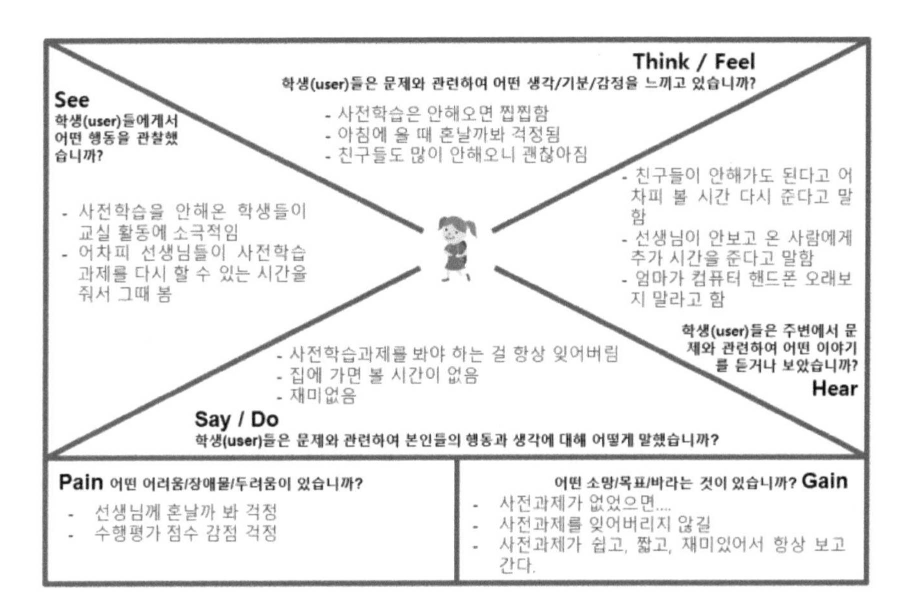

공감지도 역시 페르소나와 마찬가지로 수요자를 이해할 수 있도록 돕는 수단이다. 페르소나 기법이 '이 제품/서비스의 수요자가 누구인지'를 확인하는 방법이라면 공감 지도는 '수요자가 무엇을 생각하고 느끼는지'를 분석하는 방법이다. 문제해결의 결과물이 궁극적으로 수요자의 욕구와 문제를 해결하기 위한 것이므로 문제해결의 아이디어를 구상하기 전에 수요자에 대한 공감지도를 그려보는 것도 큰 도움이 될 것이다.

실습합시다

1. 하나의 제품을 생각해본 후, 그 제품의 사용자 페르소나를 작성해보자.

2. 1번에서 작성한 페르소나에 대한 공감지도를 그려보자.

9장 아이디어 구상

지금까지는 논리와 분석을 담당하는 좌뇌가 열심히 일했다면 이제는 우뇌가 일할 차례다. 독창적이고 혁신적인 아이디어를 창출하는 것은 창의적 문제해결의 핵심과정이다. 문제해결에 필요한 정보들을 기초로 창의적인 아이디어를 도출한 후, 이들을 적절한 기준으로 평가한 후 가장 쓸 만한 것을 선택해야 한다. 이 장에서는 아이디어를 도출하는 데 유용한 여러 도구에 대해 알아본다.

아이디어 도출 도구들

창의적인 아이디어는 천재들만의 영역이 아니다. 누구든 생각을 할 수 있다면 아이디어는 누구나 만들어 낼 수 있다. 그런데 아이디어를 보다 효과적으로 도출하기 위해서는 몇 가지 기본적인 요령이 있다.

표 9-1 | 다양한 아이디어 도출 기법들

분류	내용	예
자유 연상법	주제에 대해 생각나는 대로 자유롭게 발상하며 아이디어를 생각해 내는 방법	브레인스토밍, 브레인라이팅
강제 연상법	주제와 무관한 사물을 강제로 주제와 연결시켜 발상하는 방법	랜덤워드(Random Word), 랜덤픽처(Random Picture), 디딤돌, SCAMPER

개인 또는 팀 구성원들이 아이디어를 도출하도록 하는 방법은 크게 자유연상법과 강제연상법으로 구분할 수 있다. 자유연상법은 주제에 대해 생각나는

대로 자유롭게 발상하며 아이디어를 생각해 내도록 하는 방법으로서, 브레인스토밍, 브레인라이팅 등이 있다. 강제연상법은 주제와 무관한 사물을 강제로 주제와 연결시켜 발상하는 방법으로서, 랜덤워드(Random Word), 랜덤픽처(Random Picture), 디딤돌, SCAMPER 등이 있다. 강제연상법은 우리의 관습적인 사고에서 벗어나 새로운 시각에서 접근하고 싶을 때 매우 창의적인 아이디어를 제공해줄 수 있다.

일반적으로 사람들이 아이디어를 도출할 때 [그림 9-1]처럼 처음에는 아이디어가 지속적으로 증가하지만 내용에 익숙해질수록 아이디어는 감소할 수 있다. 그러나 팀을 이끄는 리더가 팀원들에게 새로운 자극을 제시하면 2차 아이디어 도출이 이루어질 수 있다고 한다. 긍정적 분위기는 창의성에도 좋다. 시작하기 전에 아이스 브레이크나 다함께 한 번 웃고 시작하는 것도 좋을 것이다. 만약 조직에서 여러 직급이 함께 논의하는 자리라면, 계급장 떼고 말하자. 그러면 다음에 제시된 기법들을 활용하여 문제해결을 위한 다양한 아이디어를 도출할 수 있을 것이다.

[그림 9-1] 시간경과에 따른 팀 내에서의 아이디어 도출의 변화(Knieß, 1995[39])

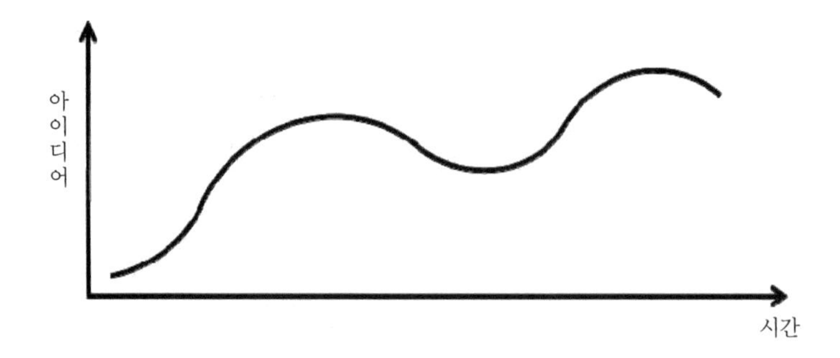

브레인스토밍

우리는 토의를 하게 되면 아이디어가 있어도 주저하게 되는 경우가 많다. 다른 사람이 내 의견에 대해 어떻게 생각할까 두렵기도 하고 실제로 비판을 받는 경우도 있다. 브레인스토밍에서는 이런 걱정이 필요 없다. 엉뚱한 의견이나 타당하지 않은 아이디어 모두 환영한다. 그저 생각나는 대로 아이디어를 내놓는 것이 브레인스토밍(Brain Storming)이다.

브레인스토밍은 1930년 오스본(Alex Osborn)이 제안한 창의적인 아이디어를 생산하기 위한 학습 도구이자 회의 기법으로, 3인 이상이 모여 하나의 주제에 대해서 자유롭게 의견을 제시하는 기법이다(A. Osborn, 1963[40]). 브레인스토밍은 아이디어를 생성하는 여러 활동 중 가장 기본적인 기법으로, 두뇌를 뜻하는 'brain'과 폭풍을 뜻하는 'storm'의 결합으로 이루어져 '머릿속에서 새로운 생각들이 폭풍처럼 일어난다'는 의미이다. 이 개념은 오스본이 회의실에서 신입사원들이 말을 꺼내지 못하는 것을 보고 생각했다고 한다.

핵심 원리는 다음과 같다.

① 한 사람보다 다수인 쪽이 제기되는 아이디어가 많다.
② 아이디어 수가 많을수록 질적으로 우수한 아이디어가 나올 가능성이 많다.
③ 일반적으로 아이디어는 비판이 가해지지 않으면 많아진다.

이러한 세 가지 원리가 브레인스토밍 과정에서 제대로 작동되려면 참여자들이 다음과 같은 네 가지 규칙을 지켜야 한다.

첫째, 아이디어 비판 금지다. 브레인스토밍에서는 타인의 아이디어를 절대 비판하지 말아야 한다. 세상에는 아이디어를 잘 내는 사람도 있고 못 내는 사람도 있다. 아무리 하찮은 아이디어라도 생각한 사람의 입장에서는 나름대로 이유가 있게 마련이다. 누구든 자신의 아이디어가 비판을 받으면 분위기에 짓눌려 더 이상 아이디어를 내지 않을 것이다.

둘째, 자유로운 발표다. 브레인스토밍에서는 아무리 하찮은 아이디어라도 망설이지 말고 발표해야 한다. 내 아이디어를 다른 사람들이 어떻게 생각할까 걱정하지 말아야 한다. 하찮은 아이디어라도 다른 사람에게 영감을 주어 놀라운 아이디어로 발전될 수 있다.

셋째, 다량의 아이디어 창출이다. 브레인스토밍에서는 아이디어의 질보다 아이디어의 개수가 중요하다. 한 연구에서는 대안의 숫자가 많을수록 좋지만 8~15개를 요구할 때가 가장 안정적이며 1인당 25개를 요구할 때는 효과가 반감된다는 연구 결과도 있다.[41] 초보자는 이런 연구 결과에 연연해 말고 온갖 생각의 다발을 여러 각도에서 엮어 100개 이상의 아이디어를 내야 한다.

넷째, 아이디어의 확장이다. 브레인스토밍에서는 기존의 아이디어를 결합해 새로운 아이디어가 나오도록 해야 한다. 아이디어란 낡은 요소들의 새로운 결합이듯이, 처음에는 전혀 관계없어 보이는 개별 아이디어들이 이유 있는 기준에 따라 합쳐지면 엄청난 아이디어로 다시 태어나는 경우가 많다. 따라서 기존의 아이디어를 다각도로 검토해 새로운 의미로 확장하는 노력이 필요하다.

브레인스토밍 단계

브레인스토밍을 하기 위해서는 먼저 진행자 1명과 기록자 1명을 포함한

5~7명으로 팀을 구성해야 한다. 진행자는 회의 주제를 충분히 숙지해 회의를 주재하고 필요할 때마다 적절한 질문을 해서 자연스러운 반응을 유도해야 한다. 브레인스토밍은 네 가지 단계로 진행해야 효과적인데(Rossiter & Lilien, 1994),[42] 이를 구체적으로 설명하면 다음과 같다.

첫째, 오리엔테이션 단계다. 이 단계에서는 사회자의 역할이 중요하다. 참석자 입장에서는 과제에 필요한 정보를 수집하는 단계다. 사회자는 참석자 모두에게 "다음 회의 때까지 아이디어를 100개 이상 가져오세요"라는 식으로 아이디어의 목표 수치를 구체적으로 제시해야 한다. 오리엔테이션 단계에서 아이디어의 목표 수치가 많으면 많을수록 효과가 높다고 알려져 있다.

둘째, 개별 발상 단계다. 각자 개인적으로 아이디어를 내는 단계이지만 이때 각자가 흩어져 다른 일을 하며 아이디어를 낸다는 뜻이 아니라 집단 전체가 모여 있는 상태에서 개인별로 아이디어를 낸다는 점이 중요하다. 이 단계에서는 자유롭고 편안한 분위기에서 가능한 한 많은 아이디어를 내는 것이 중요하며 주어진 시간 내에 아이디어 목표 수치를 달성해야 한다.

셋째, 집단 토론 단계다. 각 개인은 순서대로 같은 수만큼 아이디어를 제시하며 더 이상 아이디어가 없으면 집단 토론에 들어간다. 남의 아이디어만 듣고 자기 아이디어는 내놓지 않는 무임 승차는 바람직하지 않다. 모든 아이디어가 설명되면 비슷한 아이디어끼리 분류하고, 이질적인 아이디어라도 둘 이상을 합치면 더 좋아지는 것끼리 결합시켜 아이디어를 발전시켜야 한다.

넷째, 평가 단계다. 집단 토론에서 곧바로 평가할 수도 있으나 좀 더 객관화하기 위해 하루쯤 지난 다음에 해도 좋다. 민주적 절차를 거쳐 최종 선정한 아이디어가 반드시 최적의 것이라고 단정하기는 어렵기 때문에 경험자나 전문가의 견해를 들어보고 아이디어를 발전시켜야 한다.

보통 1시간 이상의 회의는 비효율적이므로 1시간이 지나면 10분 정도 휴식을 취하고 다시 시작하거나 아예 다음날 회의를 진행해야 효과적이다. 일찍이 오스본은 '브레인스토밍 → 개인 작업 → 브레인스토밍 → 개인 작업' 식으로 각자 다른 일을 하다가 다시 모여 아이디어 내는 것을 '샌드위치 기법(sandwich technique)'이라고 명명하고 그 방법이 효과적이라고 했다(Osborn, 1949).

브레인스토밍의 장 · 단점

먼저 브레인스토밍의 장점은 다음과 같다.[43]

① **주제의 다양성**(Variety of subject) : 브레인스토밍은 쉽게 실행할 수 있고, 다양한 주제를 가지고 실행할 수 있다. '무엇이 옳은지, 어떠한 대안을 선택해야 하는 것이 좋을지'와 같은 판단을 필요로 하는 주제가 아니라면 어떠한 주제를 가지고도 브레인스토밍을 할 수 있다. 집단의 작은 의사결정부터 큰 의사결정까지 복잡하지 않은 절차를 통해 팀의 구성원들과 아이디어를 공유할 수 있다.

② **시너지 효과**(Synergy effect) : 브레인스토밍은 아이디어의 질보다 양에 초점을 맞춘 것으로 집단의 구성원들은 즉각적으로 생각나는 아이디어를 제시할 수 있다. 그렇기 때문에 브레인스토밍은 다량의 아이디어를 도출해낸다. 구성원들은 본래 자신이 가지고 있던 기존의 아이디어를 개선하여 더욱 발전된 아이디어를 창출할 수 있다. 다른 사람의 의견을

참고하여 창의적으로 조합할 수 있기 때문이다. 또한 여러 가지 발상이 모여 수정되고 개선하는 방안을 거치면 대단한 아이디어가 도출될 수도 있다. 즉, 본인은 무심코 제시하였을지 모르는 의견도 다른 사람들에게는 우수한 아이디어를 도출해내는 데 좋은 참고가 될 수 있고, 그러한 아이디어들이 모여 새롭고 유용한 아이디어가 창출될 수 있다.

③ **표현의 자유**(Freedom of speech) : 브레인스토밍은 비판과 비난을 자제하는 것을 원칙으로 삼고 있기 때문에 집단의 구성원들이 비교적 부담 없이 의견을 표출할 수 있다. 브레인스토밍을 하면서 제시된 아이디어에 대한 비판은 추후의 비판적 단계까지 유예된다. 즉, 브레인스토밍은 아이디어를 표출하고 확장하는 데 초점을 맞추는 것이기 때문에 참여자들은 비교적 자유롭게 자신의 의견을 제시할 수 있는 분위기와 환경 속에서 다양하고 독특한 아이디어들을 도출하고 표현할 수 있게 된다.

④ **효율적 시간관리**(Time management) : 브레인스토밍은 발상 시간의 조정이 가능하다. 회의마다 임의로 발상 시간을 늘리거나 줄일 수 있기 때문이다. 즉, 브레인스토밍은 발상 시간이 정해져 있으므로, 아이디어 회의의 시간 관리가 효율적으로 이루어진다. 보통 회의에서는 어떤 사람은 적극적으로 의견을 표출하는 반면, 어떤 사람은 거의 말을 하지 않는다. 이런 경우 말이 많은 사람이 자신의 주장만을 이야기하여 예정 시간을 훌쩍 넘기는 일이 종종 발생하기도 한다. 하지만 브레인스토밍을 할 때에는 이러한 문제의 해결이 가능하다. 주어진 발상시간 내에 아이디어를 생각해보고, 모든 참여자들이 자유롭게 말할 수 있기 때문이다. 뿐만 아니라 브레인스토밍은 혼자서도 얼마든지 할 수 있다. 타이머 등을 준비하여 발상의 시간을 정하고, 생각나는 아이디어를 정리

할 수 있다. 이렇게 하면 혼자서 미리 생각해보는 것이기 때문에 업무 시간을 효율적으로 관리할 수 있다. 하지만 브레인스토밍이 제대로 이루어지지 않으면 오히려 '시간낭비'를 불러일으킬 수 있으므로, 체계적인 과정 속에서 이루어져야 한다.

브레인스토밍이 장점만 있는 건 아니다. 단점으로는 다음과 같은 것들이 있다.[44]

① **산출 방해**(Production blocking) : 브레인스토밍은 타인의 이야기를 경청하도록 되어 있기 때문에 타인의 이야기를 들으면서 자신의 사고를 방해하여 개인이 제대로 된 아이디어의 산출을 방해할 수 있다. 브레인스토밍 집단이 커질수록 자신의 아이디어를 표현하는 데 방해 또는 지연될 가능성이 높으므로 개인의 역량을 온전히 발휘할 수 없게 된다. 또한 제한된 시간 내에 아이디어를 산출해야 하기 때문에 창의적인 아이디어를 충분히 설명할 시간을 갖지 못해 좋은 아이디어가 사장될 가능성도 있다. 또한 그룹 내에 집단적 성향을 가진 사람이 많은 경우에, 일치를 강요하는 압력이 있을 경우 자신의 의견을 왜곡하여 발언하기도 한다.

② **평가 불안**(Evaluation apprehension) : 브레인스토밍 집단 내에 권위 인물이 존재하거나 집단 성원들이 사회적 상호작용에 대해 불안을 느낄 때 훨씬 적은 아이디어가 생성된다. 이는 권위적 인물 또는 상급자가 자신의 아이디어에 대하여 부정적 평가를 내릴 것에 대한 두려움에서 파생된다. 어떠한 아이디어를 말할 때 상급자 혹은 동급자 내에서 자신의 역량에 대한 부정적 평가를 받기를 꺼리기 때문에 아이디어를 낼 때 자

기 검열을 하는 사람이 생기기도 한다. 또한 대다수의 의견과 유사한 아이디어를 제안하는 '강화 현상'이 나타나기도 한다.

③ **무임승차/사회적 태만**(Free riding/Social loafing) : 아이디어들이 집단수준에 합해지기 때문에 다른 구성원들의 노력에 단순히 무임승차하게 될 가능성이 존재한다. 특히, 자신이 낸 아이디어에 대한 보상이 제대로 이루어지지 않는다고 생각될 시 이러한 현상이 나타날 가능성이 크며, 자신과 크게 관련이 없는 업무라고 생각될 시 일정 상황에 만족하려는 성향이 나타나기 때문에 덜 비판적인 태도를 취할 가능성도 크다.

④ **시간 낭비**(Wasting time) : 브레인스토밍은 보통 사람들이 빡빡한 마감시한이나 높은 중압감 아래에서는 제대로 일을 하지 못한다고 생각하기 때문에 넉넉한 시간을 보장해준다. 하지만 아이디어에 대한 기준이나 목적이 불확실하거나, 목표에 대한 성취동기가 없는 구성원들이 브레인스토밍을 할 경우 과도한 시간이 투자되어 오히려 작업효율성이 떨어질 수 있다. 또한 너무 많은 인원이 브레인스토밍에 참여할 경우 주제에서 벗어나거나 혼란스러워질 우려도 있으며, 그렇게 될 경우 오히려 시간의 낭비가 일어날 가능성이 있다.

이러한 단점들에도 불구하고 브레인스토밍은 집단 지성을 가능하게 하며 풍부한 아이디어 리스트를 얻을 수 있기 때문에 아이디어 생성을 위해 등장한 다른 도구들에 비해 자주, 쉽게 사용된다. 아이디어 제시는 구두로 할 수 있지만 각자의 생각을 글이나 그림으로 써서 제시하면(명목집단법) 효율적으로 아이디어를 모을 수 있다. 브레인스토밍 기법은 일반적으로 다음의 경우에 사용할 수 있다.

- 특정한 문제에 대한 근본 원인을 모두 찾아보려 할 때
- 문제에 대한 해결책을 찾아보려 할 때
- 개선 활동을 추진하려고 할 때
- 프로젝트의 실행을 위한 계획을 세울 때
- 제품이나 서비스에 대한 개선 방안을 모색하려 할 때
- 아이디어를 도출하기 위해 팀원 전체를 참여시키려고 할 때

브레인스토밍은 하나의 특정한 문제만을 다뤄야 하며, 여러 주제를 다루는 것에는 비효율적일 수 있다. 또한 다루는 문제가 판단을 필요로 하기보다는 다양한 아이디어를 내야 하는 경우에 더 적합하다. 예를 들면, 제품의 이름을 정하는 데에는 브레인스토밍이 효과적이나, 결혼을 할지 말지와 같이 분석적인 판단을 필요로 하는 문제에는 브레인스토밍이 전혀 필요하지 않다.

켈리와 리트맨(Kelly & Littman, 2001)은 좋은 브레인스토밍을 위한 7가지 전략과 브레인스토밍을 망치는 6가지 방법을 제시하였다. <표 9-2>에 제시된 내용처럼, 팀 구성원들이 브레인스토밍을 할 때는 무엇에 대한 것인지 주제와 목적을 명확히 하고, 내용을 잘 아는 사람이 먼저 주도적으로 아이디어를 제시하는 것이 아니라 모든 사람이 자유롭게 이야기하고, 제시된 아이디어는 모두가 볼 수 있도록 게시하고, 가능하다면 스케치하거나 유목화하여 마인드 맵, 도형, 그래픽으로 시각화해보는 것이 바람직하다.

표 9-2 | 브레인스토밍 성과에 영향을 주는 전략과 방법

좋은 브레인스토밍을 위한 7가지 전략	브레인스토밍을 망치는 6가지 방법
1. 초점을 명확히 한다. 2. 아이디어 도출을 돕는 규칙을 만든다. 3. 아이디어에 번호를 매긴다. 4. 아이디어를 '구축하고' 때로는 '뛰어넘는다'. 5. 공간기억력이 발휘되도록 아이디어를 사방에 기록한다. 6. 필요한 경우 두뇌활동을 위한 워밍업 시간을 갖는다. 7. 아이디어를 시각화한다.	1. 사장이 가장 먼저 이야기한다. 2. 모든 사람이 돌아가면서 이야기한다. 3. 전문가만 이야기한다. 4. 특별한 장소에서 이야기한다. (브레인스토밍을 위해 워크숍가기 등) 5. 엉뚱한 이야기는 하지 않는다. (진지한 내용만 이야기한다.) 6. 모든 내용을 다 기록한다.

브레인라이팅

브레인라이팅(Brain Writing)은 1968년에 베른트 로르바흐(Bernd Rohrbach)에 의해 개발된 집단 창의성 기법이다. 6-3-5법칙 또는 635법칙이라고 불리는 브레인라이팅은 브레인스토밍 기법이 변형된 것으로 아이디어의 질보다는 양을 중요하게 생각한다. 브레인라이팅을 활용하면 6명이 참가했을 때 30분 동안 108개의 새로운 아이디어를 도출할 수 있다(Rohrbach, 1969;[45] Schröer, Kain, & Lindemann, 2010[46]).

브레인라이팅은 [그림 9-2]와 같이 A4나 A3 용지에 의견을 적을 수 있는 종이카드나 포스트잇을 붙인 후 먼저 5분 동안 3개의 아이디어를 작성하고 옆

사람에게 전달한다. 30분 동안 총 6개의 종이에 3개의 아이디어를 작성하므로 한 명이 18개의 아이디어를 작성하는 것이다. 6장에 작성된 아이디어를 모두 모으면 108개의 아이디어가 된다.

브레인라이팅을 꼭 635의 법칙에 따라 해야 하는 것은 아니다. 참가하는 팀원 수, 활용가능한 회의 시간을 고려하여 A4용지에 8장의 포스트잇을 붙여서 사용할 수도 있고, 더 많은 아이디어 도출을 위해 한 사람이 제시해야 하는 아이디어의 개수를 늘릴 수도 있다. 브레인라이팅은 다른 사람이 작성한 아이디어를 보고 새로운 아이디어를 도출하기 때문에 아이디어 릴레이라고도 불린다.

[그림 9-2] 브레인라이팅 운영방법과 포스트잇을 활용한 사례

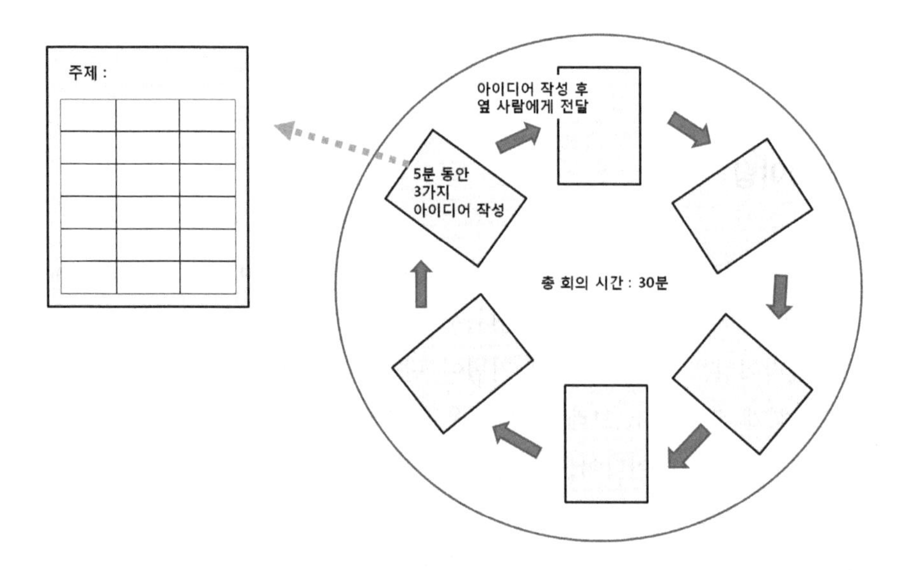

브레인라이팅이 1차적으로 끝나면 팀원들이 각자 용지 하나씩을 맡아 우수한 아이디어를 선정하고, 그중에서 2~3개 정도로 축소한 다음 선정된 아이디어를 바탕으로 브레인라이팅을 추가로 다시 할 수 있다. 이 과정에서 아이디어들이 더 좋아지고 정교화될 수 있다.

최종적으로 수집된 아이디어들은 앞에서 설명했듯이 유사한 아이디어끼리 유목화를 하면서 정리한다. 만일 추가할 의견이 있다면 추가로 기록하여 부착할 수 있다.

[그림 9-3] 브레인라이팅 결과

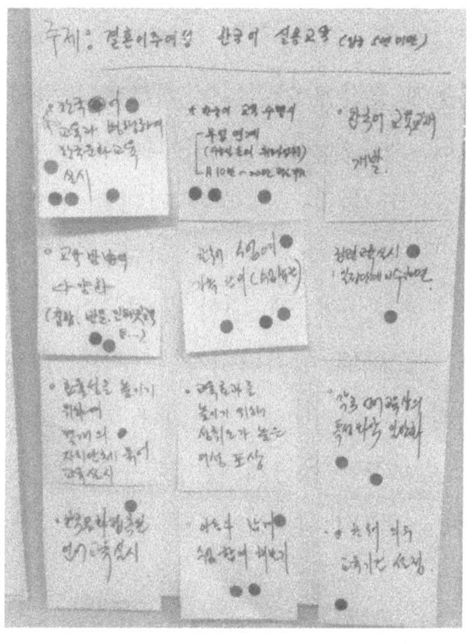

브레인라이팅의 장점

브레인라이팅은 브레인스토밍의 한계를 부분적으로 극복한 다음과 같은 장점 때문에 대단히 매력적인 방법으로 활용할 수 있다.[47]

첫째, 창출 저지가 어렵다. 브레인스토밍에서처럼 한 사람이 아이디어를 발표하는 동안 다른 사람들이 자신의 아이디어를 생각하는 데 방해를 받지 않는다. 직접 기록지를 가져오거나 옆 사람이 넘겨주는 기록지에 바로 자신의 아이디어를 기록하면 된다. 모든 참석자가 동시에 자신의 아이디어를 기록해 시간을 크게 절약할 수 있다.

둘째, 무임승차가 어렵다. 참석자가 돌아가면서 아이디어를 기록해야 하기 때문에 중간에 아이디어 기록을 누락하기 어려워 무임승차의 가능성을 줄일 수 있다. 새로운 아이디어를 내거나 문제 해결 방안을 마련해야 할 때 이 기법을 활용하면 놀라운 효과를 기대할 수 있다. 실제로 기업에서 브레인라이팅을 자주 활용하는 이유이기도 하다.

셋째, 평가에 대한 두려움이 사라진다. 무기명으로 아이디어를 적어내기 때문에 어떤 아이디어가 누구의 생각인지 확인하기 어렵다. 설령 상투적이고 평범한 아이디어를 적어냈다 하더라도 다른 참석자의 눈치를 볼 필요가 없으므로 비교적 자유롭게 아이디어를 낼 수 있다. 그리고 적어낸 아이디어에 동의하라는 무언의 압력도 피할 수 있다.

그럼에도 불구하고 이 기법은 브레인스토밍에 비해 참여자의 자발성이 떨어질 수 있다는 한계가 있다. 따라서 자발적으로 아이디어를 내도록 유도하는 진행자 역할이 중요하다. 또한 글쓰기 자체를 싫어하는 사람이 많을 때는 효율적이지 못하며 기대 이하의 결과가 나타날 수 있다. 참여자 의견이 엇비슷해질 가능성도 있으므로 최대한 남과 다른 아이디어를 내려고 노력해야 한다. 옆 사람에게 기록지를 넘길 때는 무임승차를 하지 않겠다는 생각으로 빈칸으로 넘기지 말아야 하며, 앞 사람의 아이디어를 더욱 향상시켜 나가겠다는 참여자들의 상호 노력과 의지가 중요하다.

디딤돌

좀 더 새로운 방법으로 아이디어를 생각하고 싶은가? 아이디어 발산 단계에서 획기적이고 신선한 아이디어가 없이 비슷비슷한 아이디어만 반복적으로 나올 때 사람들의 상상력을 자극하고 싶다면 디딤돌 방법을 권한다. 디딤돌은 주제와 아무 상관없는 단어를 자극으로 활용하는 강제연상법이다.

디딤돌은 다음과 같은 순서로 진행한다.

① 아이디어 도출을 위한 질문 작성하기

먼저 아이디어 도출이 필요한 주제를 질문의 형태로 작성한다. 질문은 'What(How) Question+연결/결합/유추'의 형태를 갖도록 작성한다. 즉, "무엇을(어떻게) 하면 ~을/를 할 수 있을까?"다. 예를 들면, "무엇을 하면 사람들이 이 서비스를 찾게 될까?" "어떻게 하면 우리 팀의 분위기를 활발하게 할 수 있을까?" 등이다. [그림 9-4]처럼 포스트잇 등에 아이디어 도출을 위한 질문을 작성하여 원 안에 붙인다.

[그림 9-4] 디딤돌 절차

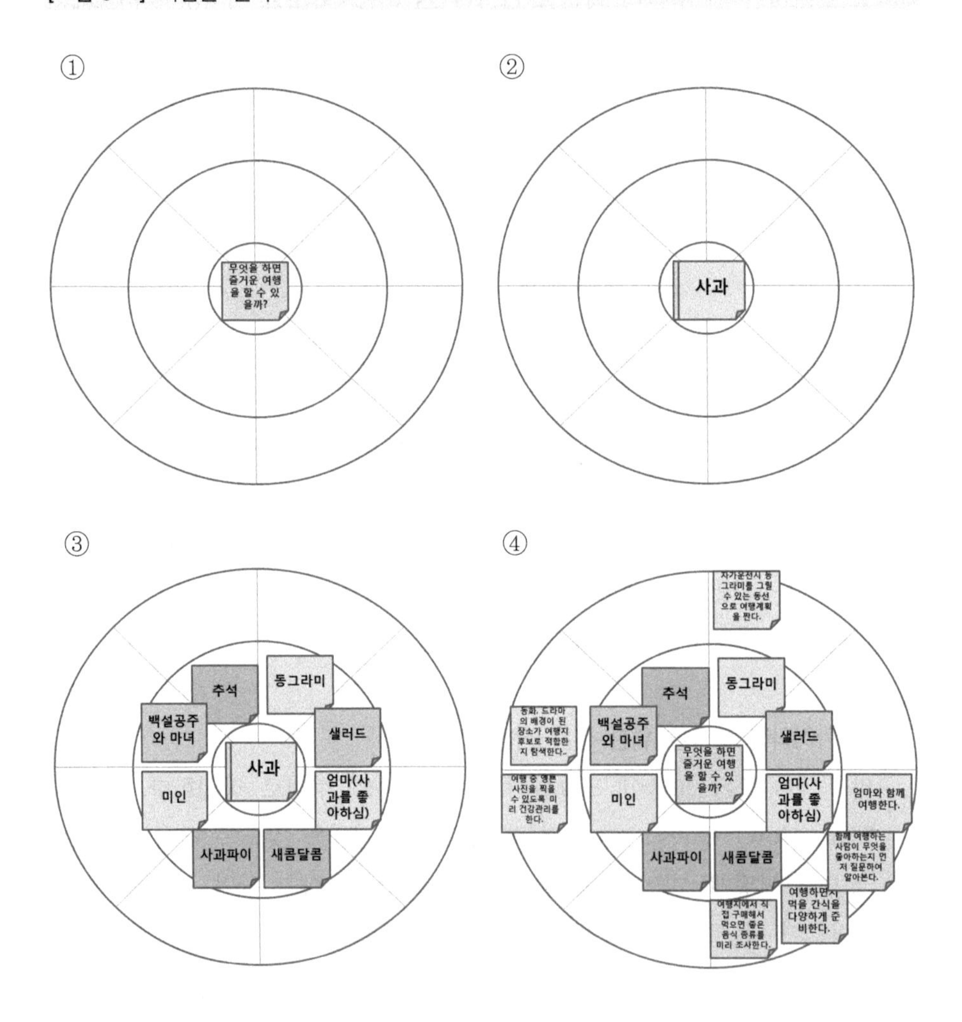
①
무엇을 하면 즐거운 여행을 할 수 있을까?
②
사과
③
사과
추석
동그라미
백설공주와 마녀
샐러드
미인
엄마(사과를 좋아하심)
사과파이
새콤달콤
④
무엇을 하면 즐거운 여행을 할 수 있을까?
추석
동그라미
백설공주와 마녀
샐러드
미인
엄마(사과를 좋아하심)
사과파이
새콤달콤
자가운전시 동그라미를 그릴 수 있는 동선으로 여행계획을 짠다.
동화, 드라마의 배경이 된 장소가 여행지 후보로 적합한지 탐색한다.
여행 중 예쁜 사진을 찍을 수 있도록 미리 건강관리를 한다.
엄마와 함께 여행한다.
함께 여행하는 사람이 무엇을 좋아하는지 먼저 질문하여 알아본다.
여행하면서 먹을 간식을 다양하게 준비한다.
여행지에서 직접 구매해서 먹으면 좋은 음식 종류를 미리 조사한다.

② 주제와 무관한 하나의 단어(중의적 또는 긍정적 의미가 가진 사물, 과일, 동물 등)를 작성하여 질문 위에 겹쳐 붙인다.

③ 디딤돌 단어 만들기

가장 안쪽 동그라미 안에 작성한 '사과'와 같은 단어를 중심으로, 떠오르는 다양한 대상(고객, 친구, CEO, 누나, 오빠)과 물건(특정 물건의 속성, 기능, 특징들) 등을 자유롭게 작성하여 가운데 동그라미의 8개 칸에 나누어 쓴다(동사, 형용사, 명사 모두 가능하지만 부정적 의미는 피하는 것이 좋다).

④ 다음 칸에 연결/결합한 아이디어 붙이기

디딤돌이 되어 줄 단어가 완성되면 다시 원래의 질문이 보이도록 단어를 제거한 후, "(디딤돌)을 연결/결합하면 무엇을 할 수 있는가?"를 질문하며 본래의 질문에 대한 아이디어를 작성해 본다. 도출된 아이디어들이 만족스럽지 않거나 충분하지 않으면 디딤돌이 될 대상, 물건을 교체하여 추가 아이디어를 더 도출하고, 결합된 아이디어를 평가·개선하여 적절한 것을 선택한다.

⑤ 아이디어 정리하기

먼저 아이디어를 도출하는 데 도움을 준 디딤돌 단어들을 떼어낸다. 질문을 적은 포스트잇을 전지의 가장 위에 붙인 후, 아이디어들을 분류·정리한다. 이때 유사한 내용은 아래로, 다른 내용은 옆으로 붙이면서 유목화를 실시한다. 이후, 유목화된 내용들을 대표할 수 있는 키워드를 다른 종이에 적어 붙인다.

[그림 9-5] 아이디어 도출(왼쪽)과 아이디어들의 유목화(오른쪽)

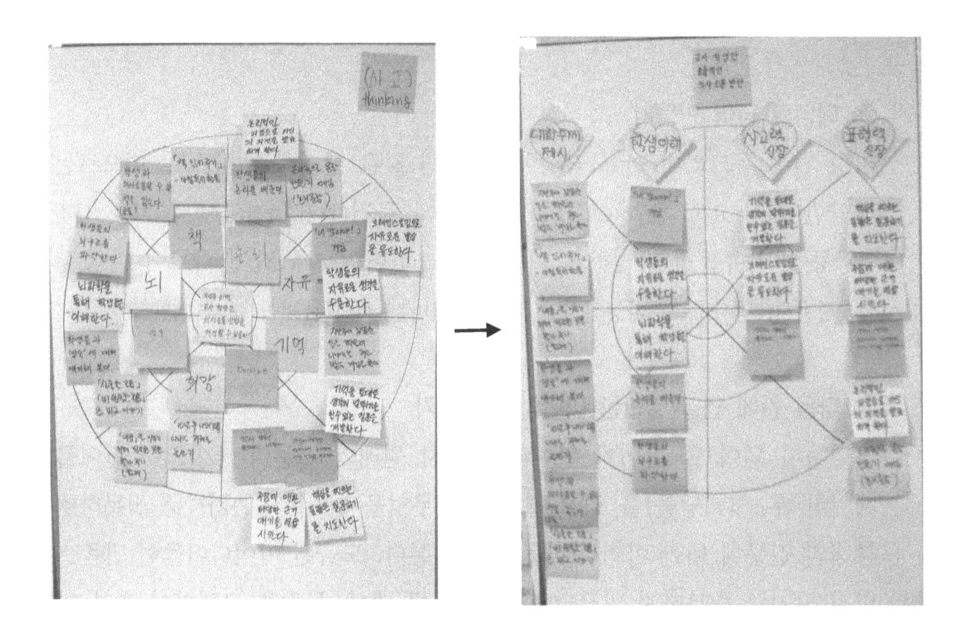

랜덤워드

랜덤워드(Random Word)도 강제연상법으로서 디딤돌과 방식은 비슷하나 연상되는 단어의 개수를 제한하지 않는 방법이다.

진행방법은 다음과 같다.

① 아이디어 도출을 위한 질문 작성하기(디딤돌과 동일)

② 주제와 무관한 하나의 단어(중의적 또는 긍정적 의미를 가진 사물, 과일, 동물 등)를 종이 한가운데 쓴다.

③ 이 단어 둘레에 이 단어의 특성이나 연상되는 단어를 15개 내외로 쓴다(동사, 형용사, 명사 모두 가능하지만 부정적 의미는 피하는 것이 좋다).

④ 각 특성들과 질문을 강제로 연관시켜서 아이디어를 낸다.

[그림 9-6] 랜덤워드 사례(1)

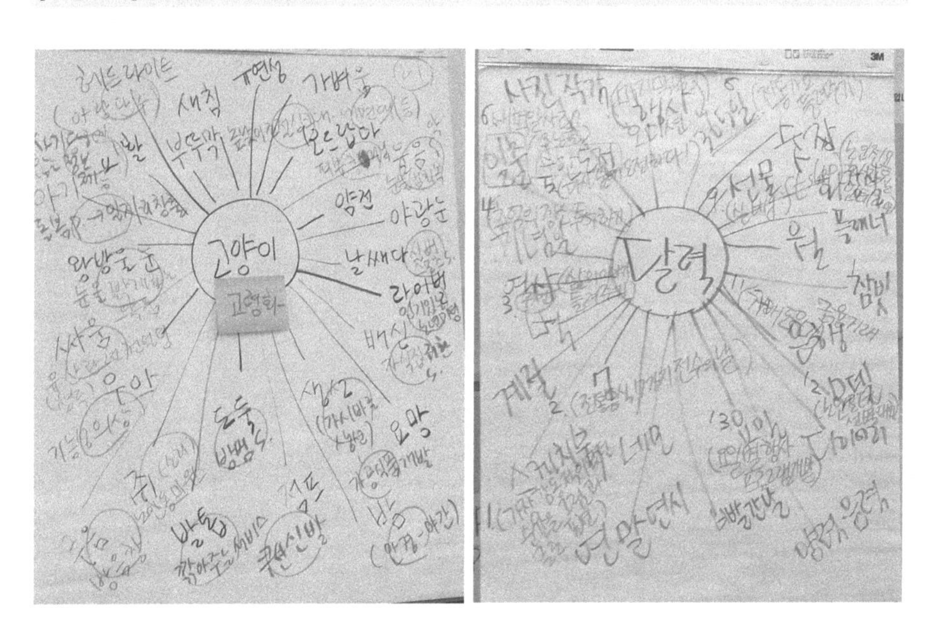

반드시 무작위로 단어를 선택해야 하고 주제와 무관하며 참가자들이 일상생활에서 익숙한 단어를 활용한다. 아이디어를 내는 과정에서 적절한 아이디어

가 더 이상 안 나오면 다른 단어로 바꾼다. 아이디어를 작성할 때 포스트잇을 활용하면 [그림 9-7]과 같이 도출된 아이디어를 분류·정리·선택하는 데 용이하다.

[그림 9-7] 랜덤 워드 사례(2)

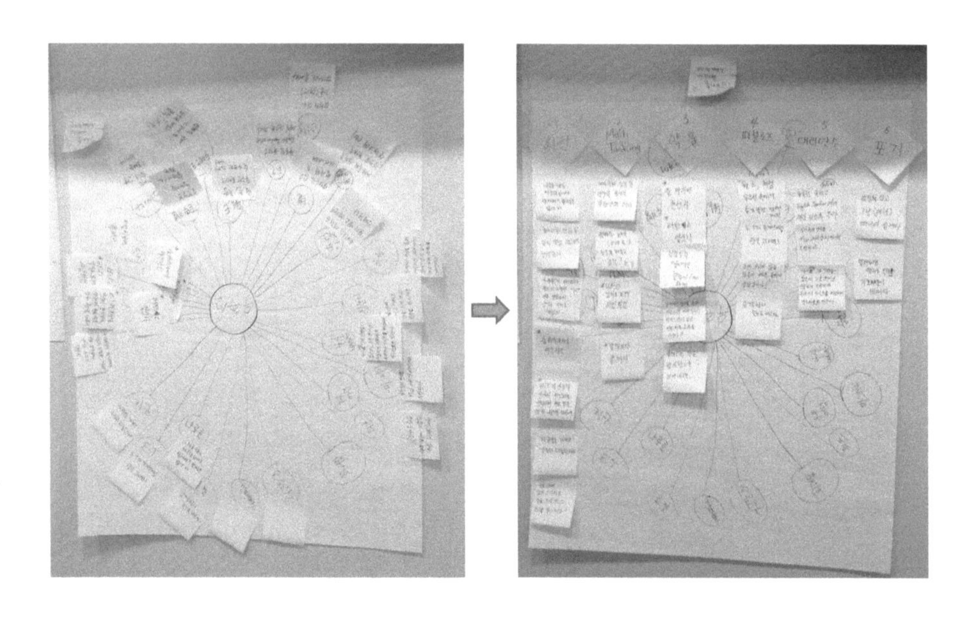

이미지 활용 아이디어 도출

그림은 창의성 개발 및 측정을 위한 유용한 방법으로 흔히 활용되어 왔다. 그림을 이용하여 아이디어를 도출하는 방법에는 그림을 보여주고 생각 이야기하기, 자신의 생각을 그림으로 표현하기, 그림 완성하기 등이 있다. 특별한 준비 없이도 랜덤워드나 디딤돌처럼 그림을 활용하여 아이디어를 도출할 수 있는데, 어떤 그림을 그리게 한 후 그림의 구성요소들이 갖는 특성을 이용하여 아이디어를 도출하는 것이다. 예를 들면 자신이 좋아하는 동물을 그린 후 이를 활용할 수 있다. 동물 이외에도 사람, 좋아하는 사물, 식물, 도형 등을 그릴 수도 있다. 다음은 사람들의 오감을 이용하여 창의적인 아이디어를 도출하는 방법이다.

① 아이디어 도출을 위한 질문 작성하기(디딤돌과 동일)
② A4, A3, B4 등의 종이 위에 자신이 좋아하는 동물을 그린다. 종이 하나에 하나의 동물을 그리며, 동물의 오감기관/내·외부를 표현한다.
③ 종이 위에 아이디어 도출을 위한 질문을 적는다.
④ 동물의 오감을 활용하여 아이디어를 도출한다.
- 이상적인 상태를 상상한다.
- 동물의 부위별 특성을 활용한다.
- 동물의 먹이, 배설물, 새끼 등을 활용한다.
- 그룹이 함께 할 경우 종이를 교환하며 내용 적기를 반복한다.
- 도출된 아이디어를 평가, 수정, 선택한다.

[그림 9-8] 동물농장을 활용한 아이디어 도출 사례

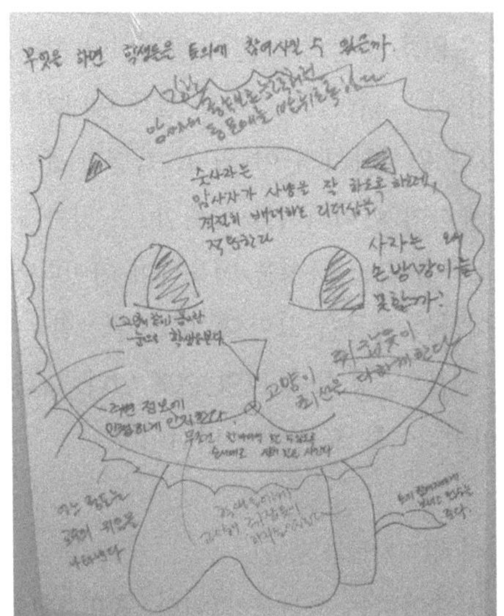

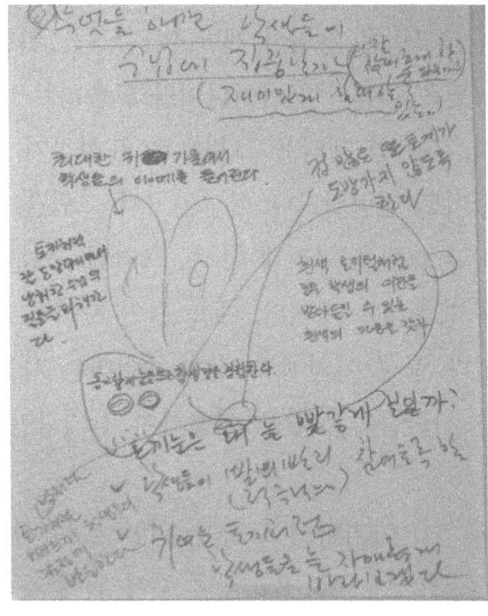

스캠퍼 기법

[그림 9-9]

위 사진을 보면 뭔가 다른 점이 보이는가? 지금 손목시계를 차고 있다면 한번 비교해보시라. 12시의 위치가 다르다는 것을 알 수 있을 것이다. 내가 어떤 사람에게 받은 선물인데 동생이 디자인한 시계라고 한다. 어느 날 집에서 시계를 물끄러미 바라보더니 "12시 위치가 이곳으로 가면 어떨까?" 하고 생각했다는 것이다. 12시 바늘이 이곳에 있으면, 옆에서 다른 사람이 시간을 알려달라고 했을 때 두 사람이 같은 방향에서 시간을 보게 된다. 그래서 이 시계의 콘셉트를 'Sharing'이라고 그럴듯하게 붙여서 시계회사에 보여줬더니 세계시계디자인대회에 출품해서 디자인상을 받았다고 한다. 어찌 보면 별거 아닌 듯한데, 당연한 것(위치)을 약간 방향만 바꿨더니 창의적인 작품이 된 것이다. 누구나 이런 식의 창의성을 발휘할 수 있는 간단한 방법이 있다. 바로 스캠퍼(SCAMPER)다.

브레인스토밍 기법을 창안했던 오스본(AlexF.Osborne)은 일종의 체크리스트(checklist) 기법을 착안했다. 그는 어떤 것을 다른 용도로 활용하기, 다른 것과 결합하기, 기능을 대체하기, 확대하거나 강화하기, 늘리거나 축소하기, 압축하거나 분할하기, 순서나 레이아웃 바꾸기 같은 질문이 아이디어 발상을 촉진한다고 제안했다. 이후 밥 에벌(Bob Eberle)은 이 체크리스트 기법을 보완하고 발전시켜 스캠퍼(SCAMPER) 발상법을 창안했다.[48] 스캠퍼(SCAMPER)'란 이름은 '대체하기(Substitute), 결합하기(Combine), 적용하기(Adapt), 수정 · 확대 · 축소하기(Modify, Magnify, Minify), 용도 바꾸기(Put to other use), 제거하기(Eliminate), 재배치하기(Rearrange)'라고 하는 7가지 질문의 머리글자를 따서 만든 것이다. 스캠퍼 기법을 하나씩 살펴보자.

① **대체하기**(Substitute) : 사람이나 사물을 A 대신 B로 대체하면 어떨까?

현재의 것을 다른 것으로 대체함으로써 고정적인 시각에서 벗어나 다른 시각으로 바라보는 시도이다. 예컨대, 나무젓가락은 젓가락의 재질을 나무로 대체한 것이다. 이렇게 기존 것을 대체할 다른 것을 찾는 질문을 해보면 새로운 아이디어가 나올 수 있다.

대체하기 질문	결과물 예
– 현재의 용도를 다른 용도로 쓸 수는 없을까? – 순서를 바꿔 보면 어떨까? – 재료(성분)를 바꿔 보면 어떨까? – 역할을 다른 사람으로 바꿔 보면 어떨까? – 시간이나 장소를 바꿔 보면 어떨까?	– 주식인 쌀을 과자로 대체 – 유리컵을 종이컵으로 대체 – 알약형태의 비타민을 마시는 비타민으로 대체 – 치약을 가글로 대체

② **결합하기**(Combine) : A와 B를 결합해보면 어떨까?

서로 다른 것을 결합하여 새로운 시너지를 내거나 새로운 조합을 만들어보는 시도이다. 예컨대, 복합기는 '복사'와 '팩스', '스캔' 기능을 결합시킨 것이다. 이처럼 두 가지 이상을 결합해 새로운 것을 찾는 질문을 하면서 아이디어를 모색한다.

결합하기 질문	결과물 예
– 서로 다른 기능(용도)을 결합하면 어떨까? – 서로 다른 성분(재질)을 섞으면 어떨까? – 성격이 전혀 다른 사람을 한 팀에 배치하면 어떨까? – 서로 다른 목적을 결합하면 어떨까? – 낯설고 이질적인 단어끼리 결합하면 어떨까?	– 전화기와 카메라의 결합 – 청소기와 물걸레의 결합 – 에어컨과 공기청정기의 결합

③ **적용하기**(Adapt) : A를 B에 적용해보면 어떨까?

어떤 것을 다른 조건에 적용하거나 다른 목적으로 응용하면 어떨지 질문하면서 새로운 아이디어를 도출하는 방법이다. 예컨대, 벨크로(떼었다 붙였다 하는 일명 '찍찍이')는 식물의 씨앗(우엉씨)이 옷에 붙는 원리를 응용한 것이다. 이처럼 어떤 것을 다른 분야의 조건이나 목적에 알맞게 적용해볼 수 있는지 질문을 해본다.

적용하기 질문	결과물 예
– 주어진 조건의 목적에 알맞게 적용할 수 있을까? – 이것을 다른 것에 어떻게 적용할 수 있을까? – 다른 프로세스나 해결안을 여기에 적용할 수 있을까? – 모양을 바꿔 볼까? – 모방할만한 것이 있을까?	– 조명램프를 적용한 살균 램프 – 온도계를 인체에 적용한 체온계 – 주전자의 원리를 이용한 물뿌리개

④ **변경하거나 확대하거나 축소하기**(Modify, Magnify, Minify) : 어떤 대상 A를 B로 변경하거나 확대(과장)하거나 축소하면 어떨까?

어떤 것의 특성이나 모양을 일부 변형하고 확대 또는 축소하여 새로운 것을 생각해보는 시도이다. 예컨대, 스마트폰은 컴퓨터와 노트북을 간소화해 변경한 것이다. 이렇게 어떤 것의 특성이나 모양을 변경하거나 확대 또는 축소해 새로운 것을 찾는 질문을 해본다.

변경/확대/축소하기 질문	결과물 예
– 형태나 품질을 바꿔 보면 어떨까? – 의미, 색깔, 소리, 향기를 바꿔 보면 어떨까? – 더 축소할 수는 없을까? 더 크게(작게) 할 수는 없을까? 더 간소화할 수는 없을까?	– 햄버거의 크기를 늘린 빅맥 – 카메라와 수술도구가 부착된 내시경 – 투명 콘택트렌즈를 컬러 콘택트렌즈로 색상변형

⑤ **용도 바꾸기**(Put to Other Use) : 어떤 A라는 용도를 B라는 용도로 바꿔 보면 어떨까?

어떤 물건의 다른 용도를 찾아보면서 새로운 기회를 찾는 시도이다. 예컨대, 접착제로서 쉽게 떨어지는 포스트잇은 메모지로 사용하게 된 것이다. 이렇게 현재 용도에 만족하지 않고 다른 용도로 사용될 가능성을 찾는 질문을 하다 보면 혁신적인 아이디어를 얻을 수 있다.

용도 바꾸기 질문	결과물 예
– 다른 용도로 활용할 수 있을까? – 그 사람을 대신할 다른 사람은 없을까? – 같은 재료로 다른 식품을 만들 수 없을까? – 기존의 방법을 바꿔 다르게 처리하는 방법은 없을까?	– 진흙을 머드팩으로 활용 – 도마와 칼을 악기로 활용 (난타공연) – TV를 컴퓨터 모니터로 사용

⑥ **제거하기**(Eliminate) : 어떤 사물 A를 구성하는 요인 중에서 그 무엇을 제거하면 어떨까?

어떤 것의 일부 또는 제거가 가능한 기능들을 찾아보면서 새로운 아이디어를 찾는 질문이다. 예컨대, 컨버터블 오픈카는 자동차의 지붕을 제거해 만든 것이다. 이렇게 기존의 것에서 불필요한 일부분을 제거할 질문을 하다 보면 새로운 아이디어를 얻을 수 있다.

제거하기 질문	결과물 예
– 무엇을 없애면 더 좋아질까? – 이것을 제거하면 어떨까? – 이것이 꼭 필요한가? – 얇게 하면 어떨까? 짧게 하면 어떨까? 분할하면 어떨까?	– 카페인 없는 커피 – 거치대 없는 벽걸이 TV – 항공사의 기내서비스 제거로 원가절감

⑦ **역발상을 해 보거나 재정리하기**(Reverse, Rearrange) : AB를 BA로 거꾸로 바꿔 보면 어떨까?

순서를 바꾸거나 기능(역할)을 뒤집어보면서 역발상을 모색하는 질문이다. 예컨대, 머리가 긴 남성 가수를 샴푸 모델로 활용한 것은 샴푸 모델은 여성이라는 고정관념을 뒤집는 것이다. 이처럼 기존의 방식이나 순서, 모양 등을 거꾸로 해 보거나 다시 배열해보면서 참신한 아이디어를 모색하는 시도이다.

뒤집기를 위한 질문	결과물 예
– 순서를 뒤집어 거꾸로 해 보면 어떨까? – 역할이나 위치를 전혀 다르게 바꿔 보면 어떨까? – 서비스를 반대로 하면 어떨까? – 위아래를 거꾸로 바꾸면 어떻게 될까?	– 남성용 화장품 – 양면 점퍼 – 김밥을 뒤집은 누드김밥 – 하급자가 상급자 평가

[그림 9-10] 인도 입양진흥/아동복지협회 광고

어른이 아이를 안고 있는 것이 아니라 아이가 어른을 안고 있다. 아래에는 "Adopt. You will receive more than you can ever give."(입양하세요. 당신이 주는 것 이상으로 받게 될 것입니다.)라는 문구가 적혀있다.

지금까지 살펴본 대로 우리가 일상에서 사용하는 아이디어 물건이나 참신한 서비스 가운데는 이러한 스캠퍼 방법을 활용한 것들이 상당수 있다. 예컨대, 스마트폰은 스캠퍼 기법이 다양하게 적용된 결과이다. 휴대전화의 통화기능과 카메라 기능, 음악 감상, 게임 기능 등이 결합되었고, 무선인터넷 방식이 적용되었으며 통화화면만이 아닌 인터넷이나 영상용도로도 전환이 된다. 작동버튼들은 스크린으로 대체되었다.

새로운 아이디어가 필요한 경우, 이처럼 간단한 역발상 질문을 하다보면 번뜩이는 아이디어를 얻을 수 있을 것이다. 스캠퍼의 7가지 질문 항목마다 하나의 아이디어가 나올 수도 있지만 두 가지 이상의 질문을 동시에 적용한다면 더욱 창의적인 아이디어가 나올 수도 있다. 예컨대, 대체하기와 결합하기를 동시에 적용하는 식이다. 이런 식으로 질문하다보면 우리가 가진 고정관념에서 벗어난 새로운 아이디어가 탄생할 수 있을 것이다.

실습합시다

1. 어떤 사물이 문제와 전혀 관계가 없어 보이더라도 강제적으로 결부하면 새로운 아이디어가 떠오를 수 있다. 다음 방법을 한 번 시도해보자.

(1) 상품 카탈로그를 살펴보라. 당신의 눈에 들어오는 제품을 5개 적는다. 이제 이 제품들의 특성을 당신의 문제와 연결시키면서 아이디어를 생각해보자. 제품 하나씩도 생각해보고 조합해서도 생각해보자.

(2) 당신이 놀이공원이나 마트에 간다면 이와 같은 시도를 해보자.

2. 스마트폰을 어떻게 개선할 수 있을까? SCAMPER에 따라 질문해보고 아이디어를 제시해보자.

변형방법	질문	아이디어
S(대체하기)		
C(결합하기)		
A(적용하기)		
M(변형/확대하기)		
P(용도변경)		
E(제거하기)		
R(뒤집기/재배열)		

10장 해결안 도출 및 검증

지금까지 다양한 방법으로 많은 아이디어가 나왔다면, 이들 중 적절한 것을 선택하기 위해서는 평가하거나 분석해야 할 것이다. 그러한 평가를 기초로 나온 결과물이 현실적으로도 매력적이며 잠재적 수요자들로부터 호응을 얻을 수 있는지 확인하려면 타당성 검증 절차도 필요하다. 우리는 프로토타입을 통해 결과물의 타당성을 검증하기로 한다.

의사결정 도구

아이디어 구상 단계에서는 자유로운 분위기 속에서 창의적인 사고를 발산하기 위해 노력했다면, 아이디어를 판단하는 단계에서는 비판적 사고가 요구된다.

이 단계에서 유의할 점은 두 가지다.

첫째, 아이디어들을 판단하면서 “이것이 좋다, 나쁘다”, 또는 “현실적이다, 비현실적이다” 등으로 “이것 아니면 저것” 식으로 접근하는 것은 바람직하지 않다. 하나의 아이디어는 나쁘거나 좋기만 한 것이 아니다. 대부분의 아이디어는 강점과 약점을 동시에 가지고 있고 ‘나쁜’ 아이디어도 훌륭한 아이디어로 발전할 가능성을 가질 수 있다. 우리가 해야 할 일은 가장 좋은 아이디어를 선택하기 위해 다른 아이디어들을 던져 버리는 것이 아니다. 최선의 아이디어로 보이는 것의 성공가능성을 최대화할 수 있도록 접근해야 하는 것이다. 이를 위해 아이디어를 기초로 도출될 결과물에 대해 추론을 해보거나, 선정된 아이디어에 대한 비판을 통해서 개선을 위한 아이디어를 추가로 제안해야 할 것이다.

둘째, 아이디어의 선택에 만족하지 말고 다른 아이디어를 취합해서 좀 더

질 높은 해결방안을 얻을 수는 없는지도 살펴봐야 한다. 때론 버려진 아이디어도 다른 아이디어와 결합했을 때 새로운 아이디어로 부활할 수 있을 것이다.

이제 아이디어 판단도구를 살펴보자. 아이디어를 단순히 투표로 정할 수도 있겠지만 보다 합리적인 기준을 이용해 아이디어를 선별하고자 한다면 의사결정 그리드, PMI, 평가행렬법 등이 사용될 수 있다.

의사결정 그리드

뭔가를 선택할 때, 사람들마다 선택의 기준이 다를 수 있다. 어떤 사람은 그 아이디어가 얼마나 참신한가에 따라 선택할 수도 있고, 어떤 사람은 그 아이디어가 얼마나 잠재 수요자에게 매력적일 것인가에 따라, 또는 얼마나 실현가능한 아이디어인가에 따라 우선순위를 두어 선택할 수 있을 것이다. 의사결정 그리드(Decision Grid)는 팀원들이 의사결정을 해야 할 때 의사결정 기준을 정한 후 이를 토대로 논의하고 최종 의견을 정하는 방법이다. 예컨대, '빈도×강도', '중요도×긴급도', '기대효과×실행용이성' 등의 두 기준을 마련한 후 이를 토대로 결정하는 방법이다.

구체적인 진행 절차는 다음과 같다.

① 의사결정 기준을 정한다. 의사결정 기준은 명목집단법을 활용하거나 논의를 통해 정한다.
② 의사결정 그리드의 X축과 Y축에 의사결정의 두 기준을 쓴다.
③ 팀 구성원들이 제시한 아이디어 또는 선택해야 하는 아이디어 각각에

[그림 10-1] 의사결정 그리드

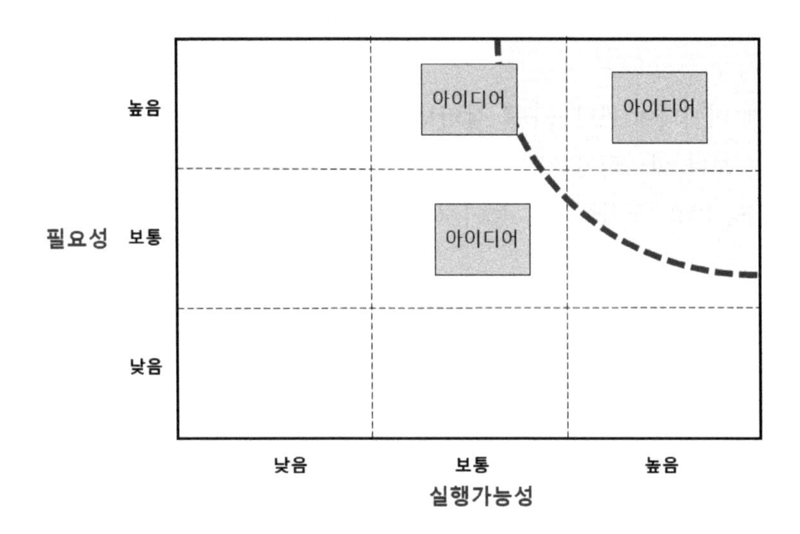

대해 논의하면서 의사결정 그리드 위의 해당 위치에 붙인다.

④ 두 기준에 대해 가장 높은 평가를 받은 의견 또는 아이디어를 선택한다. 이때 모든 의견 또는 아이디어가 점선 밖에 위치하면 어느 것도 선택하지 않고, 다른 아이디어를 구상한다.

PMI

앞서 언급했듯이, 아이디어 평가는 단순히 대안을 판단하는 것이 아니라 대안을 다듬고 발전시키는 것도 포함된다. 이러한 접근방식에 도움이 되는 것이 PMI 방법이다. PMI란 좋은 점-나쁜 점-흥미로운 점을 찾아서 발상의 줄기를 만들어가는 기법으로서 다음과 같은 첫 글자의 조합이다.

P : Plus(좋은 점, 좋아하는 이유, 긍정적 측면)

M : Minus(나쁜 점, 약점, 부정적 측면)

I : Interesting(흥미로운 점, 독특하거나 매력적인 점)

이처럼 PMI는 세 가지 측면을 고려하여 어떤 아이디어나 제안에 대해 다양한 측면(긍정적·부정적·흥미로운 측면)에서 생각하면서 의사결정을 하게 하는 것이다. PMI를 활용하여 아이디어를 평가하면 제안된 아이디어에 대해 좋거나 나쁘다는 평가 이외에 지나치기 쉬운 아이디어의 흥미로운 부분까지 생각해 볼 수 있는 장점이 있다. 흥미로운 점(I)에서 새로운 아이디어의 단서를 얻을 수 있기 때문이다.

PMI 진행 절차는 다음과 같다.

① PMI의 의미를 집단 구성원들에게 설명한다.
② 평가대상인 아이디어를 확인한다.
③ 먼저 아이디어가 가지고 있는 좋은 점 또는 강점부터 나열한다. 강점부터 나열하는 이유는 건설적이고 긍정적인 접근으로 시작하기 위해서다. 이때 M, I를 마음에 두지 않고 P에만 집중하여 각각의 항목을 작성할 때 간섭이 일어나지 않도록 한다.
④ 아이디어의 제한점이나 약점을 생각한다.
⑤ 아이디어가 가지고 있는 독특한 특성들을 생각해본다. 때로는 이러한 특성이 아직 시도된 바 없는 창의적인 아이디어일 가능성이 높다. 그런

데 여기서 그칠 것이 아니라 아이디어의 좋은 점과 흥미로운 점을 약점이나 제한점이 죽여버리는 일이 발생하지 않도록 하기 위한 방법을 생각하는 것이 중요하다. 즉, "어떻게 하면 이러한 약점이나 제한점을 극복할 수 있을까?"를 구상해보는 것이다.

⑥ 작성된 각 아이디어에 대한 PMI 내용을 논의한 후 투표로 아이디어를 선택한다.

표 10-1 | PMI 예시

아이디어: 팀 학습도구를 스마트폰용 어플로 개발한다.	
좋은 점 (P)	• 팀 학습시 편리하게 팀 학습도구를 사용할 수 있다. • 의견공유가 쉽다.
나쁜 점 (M)	• 화면이 작아 함께 보는 것이 불편하다. • 이미 개발해 놓은 프로그램이 많다.
흥미로운 점 (I)	• 팀 학습도구를 진정한 tool로 편리하고 자주 사용할 수 있도록 하는 재미있는 아이디어이다. • 스마트폰을 학습이나 과제를 위해 자연스럽게 사용하도록 하는 시대의 요구에 맞는 흥미로운 아이디어이다.

평가행렬법

평가행렬법(evaluation matrix)은 제안된 아이디어들을 미리 정해 놓은 준거에 대해 점수를 부여하면서 평가하는 방법이다. 평가행렬법을 활용하여 아이디어를 평가하기 위해서는 미리 준거를 마련해 놓아야 하는데, 평가준거는 이미 개발된 것을 활용할 수도 있고, 명목집단법 등의 방법으로 팀 구성원의 의견을 모아 개발할 수도 있다.

평가준거가 마련되었다면 평가하려는 아이디어를 세로축에 나열하고 평가준거를 가로축에 적어 행렬표를 만든 후, 각 준거를 기초로 도출된 아이디어를 평가한다. 평가행렬법은 아이디어를 체계적으로 평가할 수 있는 반면 시간과 노력이 많이 필요하다는 단점이 있다.

PMI와 마찬가지로 평가행렬법의 경우에도 이 절차를 통해 단 한 개의 대안만을 선택하는 것이 아니라는 사실을 기억해야 한다. 즉시 실행에 옮길 수 있는 아이디어, 다소 수정을 통해 다음에 활용할 수 있는 것, 다른 아이디어와 결합해 새로운 아이디어로 발전시킬 수 있는 것 등을 생각하면서 접근해야 한다.

평가행렬법의 진행 절차는 다음과 같다.

① 평가행렬표를 준비한다.
② 아이디어나 준거의 순서 없이 아이디어는 왼쪽에, 준거는 윗부분에 나열한다.
③ 행렬표를 완성한다.
   - 평정 척도에 따라 점수를 부여한다.
   - 평정 척도 예: 수(10점), 우(8점), 미(6점), 양(4점), 가(2점)
④ 결과를 해석한다.
   - 행렬표의 결과는 아이디어의 강점과 약점을 확인하는 데만 사용한다.
   - 어떤 준거에서는 점수가 낮은데 어떤 준거에서는 높은 점수로 평가되었다면 그 아이디어를 다듬어 발전시킬 방도를 연구하고 궁리해 봐야 한다.

표 10-2 | 평가행렬법 예시

주제 : 과제를 미리 시작하여 정해진 시간 전에 완성하는 방법

준거 / 아이디어	실천 가능성	학습 효과	생활 환경	총점
과제를 수행하는 데 어느 정도의 시간이 소요될 것인지 미리 예상해본다.	10	6	8	24
과제에 대해 상의할 수 있는 학습팀을 만든다.	6	10	6	22
매일매일 'Things to do'를 작성하여 체크한다.	8	8	8	24
과제해결시간을 확보한다.	6	6	6	18
과제를 수행하기 위해 무엇을 공부할지 logic tree를 작성하여 결정한다.	4	10	6	20

위험분석

아이디어 선정과정을 거쳐 만족스러운 해결안이 결정되었어도 좀 더 완성도를 높이기 위해서는 생각해야 할 것이 있다.

> "과연 이 아이디어를 실행에 옮겼을 때 아무런 장애요인이나 위험은 없는 걸까?"

아이디어를 프로토타입의 형태로 보다 구체화하기 전에 해결안의 실행 과정에서 소기의 목표달성에 방해가 될 수 있는 장애요인이나 어려움 등을 생각해 보는 것이다. 이를 통해 해결안의 시행착오를 감소시키기 위한 방안을 마련하거나 장애물이 너무 심각하다면 다른 대안을 모색해야 할 것이다.

위험분석은 다음과 같은 단계로 진행한다.

1단계 : **위험 인식**

이미 분석한 정보들을 점검하면서, 가능한 한 많은 위험상황이나 장애물을 생각해낸다.

2단계 : **위험 정리**

'발생 가능성'과 '영향'의 2개 요인에 대해 각각의 문제들을 평가한다.

3단계 : **해결방안 파악**

파악된 위험이나 장애물을 제거하거나 줄일 수 있는 방안을 생각한다. 특히 위험 수준이 '중' 또는 '상'으로 평가되는 위험 및 장애물에 대한 해결방안 마련이 중요하다. 해결 불가능한 치명적인 위험요인이 있다면 그 아이디어는 포기해야 한다.

표 10-3 | 위험요소 및 극복방안

위험(장애)요소	극복방안
1.	
2.	
3.	
4.	

표 10-4 | 위험정리 - 발생가능성과 영향 매트릭스(예)

영향 / 발생가능성	낮음	중간	높음
높음	위험 2		위험 1
중간	위험 4	위험 3	
낮음			

가정에 대한 검증

가정을 확인하지 않으면 벌어지는 일

해결안이 나오면 그 해결안에 대한 현실타당성을 검증하는 것이 필요하다. 해결안이 우리 생각대로 진행이 되어 소기의 성과를 달성할지 알 수 없는 일이다. 그것을 확인하고 검증하는 방법 가운데 하나는 가정을 통한 검증이다.

예를 들어보자. 어버이날인데 카네이션은 너무 진부하다싶어 올해는 장미 열두 송이를 주문해 어머니께 보냈는데 얼마 후 어머니로부터 카네이션 잘 받았다는 문자가 왔다. 꽃가게 주인은 어버이날이니 당연히 카네이션일 것이라는 가정을 내리고 주문을 받은 것이다. 이처럼 어떤 일을 추진하거나 결론을 내릴 때 그 속에 내재된 가정과 추론을 확인하지 않으면 엉뚱한 결과를 가져올 수 있다. 이런 문제는 프로젝트나 과업에서 흔히 발생한다. 결과물이 어떠해야 한다는 가정을 명확하게 하지 않거나 자신의 가정이나 예측을 확인 또는 검증하지 않았기 때문이다.

몇 년 전 우리 대학 학생들이 공모전에서 지역음식 마케팅 전략을 수립한 적이 있다. 마케팅 대상 음식으로는 군산의 대표적인 먹거리인 간장게장으로 정했다. 그들의 마케팅 전략 가운데 하나가 흥미로웠다. 전국의 파워 블로거 10명을 군산으로 초청해서 이들에게 간장게장을 맛보게 한 후 간장게장을 선물로 준다는 것이었다. 이들 파워 블로거의 파급력은 강력하기 때문에 이들을 활용하면 매우 효과적인 홍보효과가 있을 것이라는 기대다. 이 학생들의 머릿속에 든 가정이 무엇이겠는가? 아마도 이들은 그 블로거들이 간장게장을 좋아하고, 오라면 올 것이며, 와서 맛있게 먹고 블로그에 홍보 줄 것이라는 가정을 했을 것이다. 그런데 과연 그럴까?

가정이 옳다는 것을 어떻게 알 수 있을까?

해결안은 '~하면 ~할 것이다'라는 어떤 가정을 가지고 있게 마련이다. 해결안이 설득력을 가지기 위해서는 이러한 가정에 대한 타당성을 따져봐야 한다. 즉, 가정 검증은 결과물의 성공을 전적으로 좌우하는 핵심 가정을 제시한 후 이 가정이 맞는지 사실여부를 확인해보는 것이다. 예컨대, 어떤 새로운 제품은 그것을 매력적으로 보이게 하는 몇 가지 가정을 기초로 하고 있다. 따라서 그 제품이 매력적이려면 그 가정들이 유효해야 하기 때문에 이를 확인하는 과정이 필요하다.

실패한 결과물들은 대부분 자신이 생각했던 가정과 현실이 다르게 때문이다. 예컨대, 콘텐츠가 고객이 원하는 방향이 아니거나 다루기 어렵다든지, 현실적으로 실행에 옮기기 어려운 비용이 따른다거나 등의 이유로 실패한다. 내가 속한 대학만 봐도 얼마 전 새로 도입된 이러닝시스템은 완전 실패다. 페이스북의 형식과 기능을 따라했다고 하는데 교수들이 원하는 기능과는 거리가 멀다. 아마도 개발자는 페이스북 형식이 수업의 경우에도 만족스러운 기능을 할 것이라는 가정을 한 것 같지만 과연 수업을 하는 교수들에게 제대로 확인해봤는지, 아니면 가정에 대한 검증을 조금이라도 했는지 의문이다.

최종 결과물이 현실 타당성을 가지고 있는지 확인하고 싶다면 간단한 질문을 던져보면 된다.

"그러한 결론이 기초로 하는 가정은 무엇인가?"
"그 가정이 옳다는 것을 어떻게 알 수 있나?"

이러한 질문들은 해결안에 내포되어 있는 가정을 끌어내어 해결안의 타당성과 완성도를 더욱 높이도록 촉진할 것이다.

새로운 비즈니스 콘셉트를 개발하는 경우, 기본적으로 포함되어야 할 핵심 검증항목은 다음과 같다.

1. **가치검증** : 고객들은 우리 회사가 이익을 남길 수 있을 정도의 가격에 이 제품(서비스)을 기꺼이 구매할 것이다.
2. **실행검증** : 우리 회사는 적정한 수준의 원가로 이 제품(서비스)을 생산해서 유통할 수 있을 것이다.
3. **경쟁우위검증** : 이 제품(서비스)은 경쟁자들이 쉽게 따라할 수 없을 것이다.

이러한 항목 외에도 확인되지 않은 중요한 사안들에 대해 가정을 생각해보고 검증하는 절차가 필요하다. <표 10-5>의 양식으로 검증하고 싶은 가정이나 추정이 무엇인지, 그것에 대해 어떻게 측정하거나 정보수집 할 것인지 작성한 후 검증을 하고, 그 결과를 결과물에 반영해야 할 것이다.

표 10-5 | 가정 검증 양식

가정	측정/정보수집 방법	Findings (발견한 사실들)	추후 반영할 아이디어

프로토타입 개발

유치원생들이 MBA졸업생들보다 잘하는 비결

마시멜로 도전이라는 게임이 있었다[49]. 간단한 게임으로 4명이 한 팀이 되어 18분 동안 스파게티와 테이프, 실, 마시멜로를 가지고 가장 높은 탑을 쌓아 올리는 것이다. 중요한 것은 마시멜로가 탑의 가장 꼭대기에 있어야 한다는 것이다.

[그림 10-2] MBA졸업생팀(왼쪽)과 유치원생팀(오른쪽)

출처 : 브런치(brunch)

톰 워젝(Tom Wujec)은 이 게임을 통해서 협동과 성공에 대하여 몇 개의 중요한 사실을 제공하고 있다. 이 게임에서 가장 낮은 성과를 보인 집단은 경영대학원 학생들이었던 반면 유치원 아이들이 훨씬 뛰어난 성과를 보여주었다. 왜 그랬을까?

경영대학원 학생들은 하나의 완벽한 플랜을 만드는 데 많은 시간을 소모하고 결국 마지막에 가서 무리한 시도를 하다가 탑을 무너뜨리고 말았다. 반면 유치원생들은 초기부터 마시멜로를 꼭대기에 놓고 여러 가지 시도를 해보면서 마침내 최상의 결과를 얻었다. 이것은 무엇을 의미할까? 프로토타입을 만들고 이를 정련해 나가는 반복 과정이 성공의 핵심이라는 것이다. 유치원생들은 반복을 통해 경험을 얻을 수 있는 실험 모델을 만드는 것이 중요하다는 것을 우리에게 가르치고 있다.

프로토타입의 장점

프로토타입(prototype)은 하나의 제품이나 서비스를 완성하기 전에 완성된 결과물과 비슷한 기능과 외양의 결과물을 만들어보는 것이다. 아이들이 초기부터 마시멜로를 꼭대기에 놓고 여러 가지 시도를 해보는 것처럼 초기모델을 만들고 다듬고 다시 수정하는 반복적인 과정을 통해 사용자의 요구를 좀 더 정확하게 반영한 버전이 나오게 되는 것이다.

이렇게 최종 결과물을 완성하기 전에 프로토타입을 만드는 단계를 거치면 여러 가지 장점들이 있다(위키백과).

① 사용자 중심으로 개발이 이루어질 수 있다. 프로토타이핑을 여러 번 거치면서 잠재 사용자의 욕구에 맞춰 수정이 이루어지므로 잠재 사용자의 요구에 최대한 부합한 결과물을 만들어낼 수 있게 된다.

② 개발시간을 줄일 수 있다. 전통적인 방법으로는 운영 가능한 시스템이 나오기까지 오랜 시간이 걸리지만 프로토타이핑은 비교적 빠른 기간 안에 사용자가 평가할 수 있을 만한 결과를 만들어낸다.

③ 오류를 초기에 발견할 수 있다. 전통적인 방법으로는 시스템이 완성된

후에야 오류를 발견할 수 있다. 따라서 시스템 개발기간이 3년이라면 오류를 발견하기까지 적어도 3년의 시간이 소요될 수 있다. 그러나 프로토타이핑은 개발 초기단계에서 오류를 판별할 수 있도록 해준다.

④ 변경이 용이하다. 사용자나 관리자는 현재까지의 개발 진행된 프로토타입을 직접 운영함으로써 여러 가지 제안과 변경할 점을 파악할 수 있고, 이러한 사항들은 진행되고 있는 개발과정에 반영하게 된다.

초기 프로토타입은 가장 단순한 재료로 가능한 한 빨리 만들어야 한다. 빠르고 비용이 적게 들수록 프로토타입을 수정하거나 버려야 할 때 거부감이 적다. 처음에는 제품이나 서비스의 기본 기능을 목표고객에게 이해시킬 수 있을 정도로만 구현하면 된다. 이를 통해 저비용으로 신속하게 잠재고객과 사용자에게서 피드백을 얻을 수 있다.

프로토타입 유형

프로토타입은 프로젝트의 성격에 따라 다양한 형태로 제작될 수 있다. 물리적으로 존재하는 사물뿐만 아니라 서비스, 경험, 공간, 상호작용의 경우 역할극 등 다양한 방식으로 프로토타입을 표현한다. 어떤 형태이건 제품이나 서비스의 주요 기능을 잠재 사용자가 경험하고 평가할 수 있는 형태로 만들어야 한다.

프로토타입의 유형은 다음과 같다.

① **스토리보드 만들기** : 아이디어들의 총체적인 경험을 연속된 그림이나 만화, 스케치 혹은 단순한 말풍선 등으로 시각화하기

② **도표로 표현** : 아이디어의 구조, 네트워크, 여정 프로세스 등을 시각화하기
③ **이야기 만들기** : 미래의 상황을 가정하고 이 아이디어가 어떤 경험이 될 것인지 설명. 신문기사, 학부모에게 보낼 편지, 웹사이트 게시용 등의 용도를 고려하여 제작
④ **광고 만들기** : 이 아이디어가 지닌 경험들을 부각시킬 수 있는 가상의 광고 만들기
⑤ **모형 제작해보기** : 종이, 골판지, 천, 클립 등 주변에서 쉽게 찾을 수 있는 재료들을 활용하여 간단한 3차원 모형 제작하기
⑥ **역할극 해보기** : 특정 상황에 있는 사람이 되었다고 가정하고 그 역할을 맡아 아이디어의 경험을 전달하기 위한 간단한 연극을 수행하기

[그림 10-3] 스토리보드 프로토타입(왼쪽)과 종이모형 프로토타입(오른쪽)

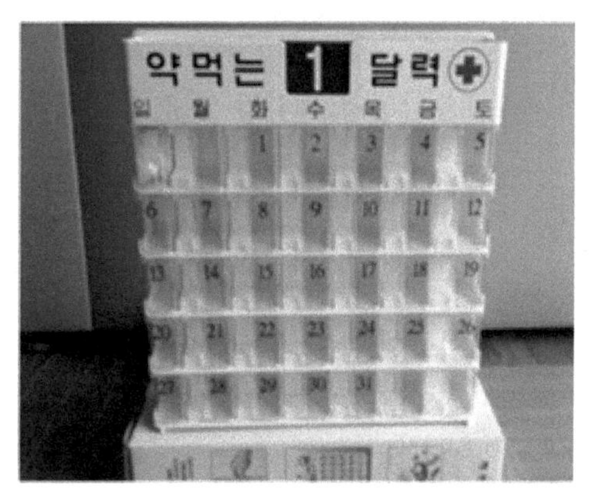

(출처: 장경원 외, 2019)

[그림 10-4] 종이인형 기반 입체감 있게 만든 프로토타입

(출처: 장경원 외, 2019)

프로토타입 진행 단계

프로토타입의 제작과 검증은 다음과 같은 단계를 거친다.

① 팀원들과 함께 사용자에게 절대적으로 중요한 제품/서비스의 핵심 기능이나 특징이 무엇인지 정한다. 이 기능이나 특징들이 현실세계에서 검증해야 할 대상들이다.

② 팀원들과 어떤 유형의 프로토타입을 만들면 좋을지 결정한다.

③ 한 가지 혹은 여러 가지 프로토타입을 제작한다. 이때 몇 개 그룹으로 나누어 서로 다른 프로토타입을 제작할 수 있다면 상호 유용한 피드백을 통해 최종 결과물의 완성도는 더욱 높아질 수 있다.

④ 프로토타입을 들고 잠재 수요자를 만나 테스트를 한다.
⑤ 잠재 사용자로부터의 피드백을 바탕으로 프로토타입을 부분 수정하거나 새로 다시 만든다.
⑥ 수정된 프로토타입을 가지고 잠재사용자를 대상으로 프로토타입을 다시 테스트한다. (이후 5단계와 6단계를 반복한다.)

프로토타입의 테스트 과정에서 중요한 사실 가운데 하나는 반드시 고객을 참여시켜야 한다는 점이다. 프로토타입에서 무엇이 수정되거나 보완되어야 할지는 프로젝트 팀원들이 아닌 잠재수요자가 결정하는 것이다. 프로토타입 개발에 참여하지 않은 다른 사람들의 참신한 시각은 최종 결과물의 완성도를 높여준다. 특히 고객은 프로토타입을 고객이나 사용자의 눈으로 바라볼 수 있기 때문에 잠재수요자의 요구에 최대한 부합한 결과물을 위해 무엇이 필요한지에 대해 유용한 정보를 제공해줄 것이다.

앞에서 언급했듯이, 일반적으로 아이디어들은 "~은 ~할 것이다" 식의 여러 가지 가정과 추정을 기반으로 한다. 이러한 가정은 현실세계에서 그대로 맞을 수도 있지만 사실과 전혀 다를 수도 있다. 프로토타입의 테스트 과정에서 해야 할 일은 가정에 의문을 제기하고 현실세계에서 테스트하면서 가정을 확정하거나 버리는 것이다. 즉, 현장에서 관찰과 테스트를 통해 오류를 찾는 것이다. 이때, 앞의 <표 10-5> 가정 검증 양식이 도움이 된다.

테스트를 통해 검증하고 싶은 가정이나 추정이 무엇인지를 밝히고, 테스트에서 발견한 정보와 사실을 기초로 다음의 수정 프로토타입에 어떤 아이디어를 반영할지에 대해 논의해야 할 것이다.

피드백 지도

프로토타입의 테스트에서 의미 있는 결과를 내기 위해서는 피드백 지도를 활용하면 질문을 보다 효과적으로 할 수 있다. 다음과 같은 질문들을 중심으로 제품/서비스의 유용성에 대해 정보를 수집하고 잠재수요자들로부터 직접적으로 아이디어도 얻을 수 있을 것이다.

- 좋은 점은 무엇인가?
- 개선이 필요한 사항(건설적 비판)은 무엇인가?
- 사용하면서 어떤 의문(궁금증)이 들었는가?(경험과정에서 나온 의문)
- 경험하면서 떠오른 좋은 아이디어가 있는가?

[그림 10-5] 피드백 지도

좋은 점	개선사항
질문	아이디어

프로토타입 테스트의 목적은 요구를 더욱 정확히 파악하고 공감대를 형성하는 것이다. 실패와 실수를 겪으며 조금씩 근사치에 가까이 다가가고 계속해서 개선하면서 학습효과가 생긴다. 따라서 피드백의 내용에 대해 적극적인 학습의 태도로 받아들여야 보다 진보된 결과물이 탄생할 수 있을 것이다. 테스트 과정에서 얻은 피드백 내용들을 토대로 프로토타입을 어떻게 개선해야 할지 수정을 위한 아이디어를 논의하면서 최종 결과물의 완성도를 높이는 시도를 해야 할 것이다.

마무리 성찰

프로 바둑기사들의 대국을 보면 자신들이 방금 둔 바둑을 다시 복기하는 장면을 볼 수 있다. 인공지능 알파고와 최초로 대결을 펼친 이세돌 기사는 승부 결과와 관계없이 자신이 무엇을 잘못 두었고 무엇이 최선이었는지를 확인하기 위해 상대 기사를 붙잡고 복기를 열심히 하는 것으로 유명하다. 특히 똑같은 복기왕인 이창호와 만나면 거의 밤새도록 복기를 한다고 한다. 이러한 자세를 가졌기에 이들이 세계 1인자가 되지 않았을까? 이들에게 '잘못된 수'는 유익한 학습의 소재다.

당장의 결과만을 중요하게 생각하는 학생들을 보면 안타깝다. 지금은 한창 성장할 수 있는 시기인데 결과만을 지향한다면 자신을 개발할 수 있는 소중한 기회를 놓칠 수 있다. 회사를 다니는 직장인도 마찬가지다. 성과에만 매달리면 도전적인 일을 피하게 되고 학습과 성장의 기회가 없다. 예전에 어느 회사의 러닝코치로 학습팀을 맡았을 때의 일이다. 학습팀이 최종 결과물을 발표했는데, 사장의 관심은 오직 결과물과 성과에만 있었다. 이 학습팀이 과제를 통해 무엇을 배웠는지에 대해서는 아무런 질문도 관심도 보이지 않았다. 사장이 이런 모습을 보이는데 직원들이 학습에 관심을 가질 가능성은 거의 없는 것이 당연하다.

앞서 성찰 부분에서도 언급했듯이, 우리의 경험들은 모두 학습 자료다. 단순히 경험에서 끝난다면 소중한 학습기회를 놓치는 셈이다. 향후 더 향상된 역량을 가지고 더 높은 수준의 결과물을 개발하기를 원한다면 이 경험이 훌륭한 학습 자료가 될 수 있도록 성찰의 시간을 가져야 한다. 성찰을 통해 배울 점을 더욱 명확히 끌어내고, 스스로의 부족한 점을 깨우치며 앞으로 어떤 점을 보완하고 발전시켜야 할 것인가를 확인할 수 있다.

이 경험이 더욱 의미 있는 학습으로 이어질 수 있는 효과적인 성찰은 다음과 같은 절차에 의해 진행할 수 있다.

① 지금까지 수행한 주요 활동들을 포스트잇을 활용하여 한 장에 하나씩 작성한 후 순서대로 나열해본다.
② 포스트잇에 작성한 활동들을 유목화한 후 항목별로 소제목을 붙인다.
③ 이제 그 프로세스들과 활동들을 보면서 다음과 같은 질문들에 대해 자신의 생각을 말해본다.

- "이 프로젝트를 수행하면서 프로세스, 방법, 결과 측면에서 무엇을 각각 배웠는가?"
- "잘 된 점은 무엇인가?"
- "아쉬운 점은 무엇인가? 그것을 어떻게 더 효과적으로 개선시킬 수 있을까?"

- “이 프로젝트를 수행하면서 어려웠거나 이해되지 않은 점은?
- “이 프로젝트를 다시 시작한다면 무엇을 달리 하고 싶은가? 그 이유는?
- “만약 당신이 사장이라면 이 제품에 기꺼이 투자하겠는가? 그 이유는?”
- “향후 자신이 더 학습 또는 개발해야 할 내용은?”

지금까지 수행한 창의적 문제해결 과정도 문제해결역량을 향상시키는 좋은 학습기회였지만, 이러한 질문들에 답하는 과정을 통해 그 학습의 깊이가 더욱 깊어질 것이다. 그리고 이러한 성찰을 혼자서 하기보다는, 같이 작업을 한 팀원들과 함께 하면 서로의 다양한 생각과 경험을 공유하며 배우는 좋은 기회가 될 것이다.

[참고자료]

IDEO의 쇼핑카트 프로젝트 – 쇼핑카트 만들기

IDEO는 세계적인 창조기업이다. IDEO의 쇼핑카트 프로젝트는 미국의 뉴스 프로그램인 ABC Nightline에 소개되어 IDEO의 혁신적인 디자인 과정을 세상에 알린 유명한 사례이다. 쇼핑카트 프로젝트는 IDEO의 Deep Dive라는 브레인스토밍 방식으로 Whole Foods(미국의 유명 유기농슈퍼마켓체인점)에 제안할 새로운 쇼핑카트를 5일 안에 만드는 것이다.

첫째 날(월요일)

프로젝트 첫날, 킥오프 미팅에서 디자인팀은 먼저 각자의 관점에서 의견을 제시하면서 현재 사용하고 있는 쇼핑카트에 대해 분석하였다. 한 시간 후 팀원들은 여러 그룹으로 나뉘어 쇼핑과 쇼핑카트, 그리고 관련 정보를 모으기 위해 사무실에서 나왔다. 팀원들은 전문가들에게 자문을 구했고, 어떤 팀은 팔로알토 시내의 인기 있는 식품점인 Whole Foods로 가서 사람들이 어떻게 쇼핑하는지 새로운 시각으로 관찰하기 시작했다. 또한 안전 문제를 알아보고 부모가 어린이와 다투는 것을 지켜보았다. 그들은 인터넷 쇼핑몰의 전문 바이어가 어떻게 카트를 이용하는지에도 주목했다. 쇼핑객들이 천천히 걷는 사람을 피해 앞으로 나가거나 맞은편에서 접근해오는 사람에게 길을 터주기 위해 카트의 뒷부분을 들어 올려 옆으로 피하는 일종의 병목 현상을 눈여겨보기도 했다. 디자인팀원들은 관찰과 인터뷰를 통해 세 가지의 목표를 발견해냈다. 즉, 새로운 쇼핑카트는 어린이에게 좀 더 친근하고, 효율적인 쇼핑을 가능하게 하며, 안전성이 확보될 수 있도록 디자인 되어야 한다는 것이다.

둘째 날(화요일)

디자인팀은 목표한 대로 쇼핑카트를 디자인하기 위해 해결안 모색을 위한 브레인스토밍을 하였다. 브레인스토밍의 기본 원칙을 벽에 써넣었고, 많은 매직펜과 함께 커다란 포스트잇 메모지를 펼치고 분위기를 띄우기 위해 장난감을 산더미처럼 갖다놓았다. 엉뚱한 아이디어에도 비난하지 않았으며, 오히려 그런 생각을 더욱 장려하였다. 몇 시간 후 다양한 아이디어와 스케치 속에 참신한 아이디어들이 담겨 벽에 가득 붙었다. 팀원들은 좋은 아이디어에 투표했다. 팀원들은 자신들이 좋아하는 아이디어에 밝은 색의 포스트잇 메모지를 붙였고, 추가 의견이 있을 때는 메모지에 의견을 기입하였다. 투표결과를 토대로 시제품을 만들 아이디어를 결정하였다.

시제품은 쇼핑편의, 안전, 계산, 물건 찾기의 컨셉트로 구현하기로 결정되었고, 이를 위해 디자인팀을 네 팀으로 나누었다. 각 팀에게는 3시간 내에 실물 크기의 모형을 만들어야 하는 미션이 주어졌다. 각 팀은 자신들의 아이디어를 30분만에 스케치하였고, 추가 아이디어와 재료를 찾기 위해 다시 사무실 밖으로 나갔다 돌아왔다. 세 시간 후, 조잡한 모형이 여러 개 만들어졌다. 모형은 우아한 곡선의 특징을 갖추고 있는 것, 손바구니를 쌓을 수 있도록 높이 조절이 가능한 것, 고객과 직원이 대화할 수 있는 마이크 장치가 달려 있는 것, 계산대에서 대기하는 시간을 줄여주는 스캐너가 달린 것이었다.

디자인팀은 다시 각 시제품의 대표적인 특징을 도출한 후, 완성품을 만들기 위해 역할을 분담하였다. 어떤 사람은 CAD 프로그램으로 카트의 구조를 설계하였고, 어떤 사람은 바구니 컨셉트를 조사하였다.

셋째 날(수요일)과 넷째 날(목요일)

IDEO의 작업장 사람들은 설계도에 따라 용접 반장은 만들기 까다로운 곡선 구조의 설계도에 따라 제품을 만들었다. 현실적으로 불가능할 수 있는 기간(5일)이지만 마감 기일을 맞추기 위해 모두 열심히 작업하였다.

다섯째 날(금요일)

연구팀은 작업장에서 밀고 나온 새 카트를 보면서 환호하였다. 새 카트는 여섯 개의 바구니를 2단으로 산뜻하게 끼워넣을 수 있는 개방 구조로 설계되었으며, 올렸다가 내렸다가 할 수 있는 안전 손잡이와 바코드 스캐너가 장착되었으며, 앞뒤로 가는 것 뿐만 아니라 옆으로도 밀어서 움직일 수 있는 것으로, 지금까지 보던 쇼핑카트와는 다른 새로운 쇼핑카트였다.

IDEO의 쇼핑카트 디자인 사례에는 '과제의 명확화－정보수집 및 아이디어 구상－초안 개발 및 타당성 검증－최종 결과물 완성'의 단계가 명확히 제시되어 있다. IDEO의 디자인팀은 현재 사용 중인 쇼핑카트에 대한 자신들의 지식과 경험을 총 동원하여 현황분석을 하였고, 여기서 그치지 않고 '현장'을 방문하였다. 쇼핑카트가 사용되고 있는 현장을 관찰하고 인터뷰하는 과정에서 필요한 자료와 아이디어를 수집하였다. 그 과정에서 디자인해야 할 쇼핑카트의 주요 특성을 명확히 도출하였다. 그 후 브레인스토밍을 통해 초안을 개발하였고, 바로 실행에 옮기기 전 여러 개의 시제품을 만들어 각각의 특성을 함께 비교, 논의하였다. 타당성 검증의 단계를 거친 것이다. 그 후 모든 아이디어가 통합된 쇼핑카트를 제작하였다. IDEO의 사례는 여러 사람이 함께 과제를 해결하는 것, 해야 할 과제의 목표를 명확히 결정하는 것, 현장을 방문하는 것, 자신들의 해결안을 검증하는 절차 등을 잘 보여주는 사례라고 할 수 있다.

참고 자료 :
Tom Kelly, & Jonathan Littman (2001). *The art of innovation.* Bantam Dell Pub Group(이종인 역, 2012). 유쾌한 이노베이션. 서울: 세종서적 http://www.ideo.com/work/shopping-cart-concept/

찾아보기

1) 한양대 미래자동차학과 선우명훈 교수에 강연에서 인용하였다.

2) 박영숙·제롬 글렌 지음, *유엔미래보고서 2050*, 교보문고, 2016, p.98.

3) 1997년 체스 세계 챔피언 가리 카스파로프(Garry Kasparov: 러시아)를 이긴 인공지능은 IBM의 Deep Blue이고, 2016년 이세돌 9단을 이긴 인공지능은 구글의 Alpha Go이다.

4) 세계경제포럼(WEF)를 창립한 클라우스 슈밥(Klaus Schwab)은 2015년 9월 7일 한국과학기술원(KAIST)으로부터 명예박사학위를 받는 자리에서 '제4의 산업혁명'을 규정하고 이에 대한 대비책을 역설했다. 그후 2016년 1월 열린 제46차 다보스 포럼의 핵심주제를 '제4차 산업의 이해(Mastering the Fourth Industrial Revolution)'로 잡았다. 4차 산업혁명에 대한 슈밥의 견해는 그의 책 '클라우스 슈밥의 제4차산업혁명'(2016, 새로운 현재)에 자세히 나와 있다.

5) 박영숙·제롬 글렌 지음, *유엔미래보고서 2050*, 교보문고, 2016, p.37.

6) 박영숙·제롬 글렌 지음, *유엔미래보고서 2050*, 교보문고, 2016, p.42.

7) 클라우스 슈밥(송경진 옮김), *제4차 산업혁명*, 새로운현재, 2016, 74.

8) Jackson, M Oliver, M Shaw and J Wisdom (Eds) *Developing creativity in higher education: an imaginative curriculum.* Abingdon: Routledge

9) Amabile, T. M. 저, 고빛샘 역(2010). 심리학의 눈으로 본 창조의 조건. 21세기북스.

10) Amabile, Teresa , Kramer, Steven(2011), *전진의 법칙(The Progress Principle)*, 정혜.

11) Axelrod, Robert(2007), 협력의 진화, 시스테마.

12) 렌 피셔(Len Fisher), 보이지 않는 지능(2012). 위즈덤하우스

13) Uzzi, B., Mukherjee, S., Stringer, M., & Jones, B. (2013). Atypical combinations and scientific impact. Science 342, 468-472.

14) Owens, J., Bower, G. H., & Black, J. B. (1979). The "soap opera" effect in story recall. Memory & Cognition, 7(3), 185－191.

15) Sanfey, Rilling, Aronson, Nystrom, & Cohen (2003), The neural basis of economic decision making in the Ultimatum game, Science 300, 1755－1758.

16) Slovic, P., Monahan, J., & MacGregor, D. M. (2000년). Violence risk assessment and risk communication: The effects of using actual cases, providing instructions, and employing probability vs. frequency format. Law and Human Behavior, 24(3), 271-296.

17) 곽준식, 「같은 값인데 고급 커피 고른 당신, '감정 휴리스틱'에 빠진 거죠」, 『한국경제』, 2010년 9월 2일.

18) Hirshleifer, D., Shumway, T. (2003). Good day sunshine: Stock returns and the weather. *Journal of Finance*, 58(3), 1009-1032.

19) Hart, William., Albarracín, Dolores. Eagly, Alice H., Brechan, Inge., Lindberg, Matthew J., & Merrill, Lisa (2009). Feeling validated versus being correct: A meta-analysis of selective exposure to information. Psychological Bulletin. 135 (4): 555-588.

20) 리처드 탈러, 캐스 선스타인(2009), 넛지, 리더스북.

21) Janis, Victims of Groupthink, 1972.

22) Heath, C. & Heath, D.(2007). 스틱. 엘도라도.

23) Haidt, Jonathan(2014). 바른 마음. 웅진씽크빅.

24) 이 모델은 Argyris와 Schön(1974, 1996)이 개발한 것을 Schwarz(2002)가 수정한 것이다. C. Argyris, and D.A. Schön, *Theory into Practice: Increasing Professional Effectiveness,* San Francisco: Jossey-Bass, 1974; C. Argyris, and D.A. Schön, *Organizational Learning Ⅱ: Theory, Method, and Practice,* Reading Mass: Addison-Wesley, 1996; Roger Schwarz, *The Skilled Facilitator,* San Francisco: Jossey-Bass, 2002.

25) 고수일, 김형숙, 김종근 역(2009). 회의에 날개를 달아주는 퍼실리테이션 스킬. Wilkinson, M.의 *The secret of facilitation.* 서울: 다산서고.

26) 최정임, 장경원(2010). PBL로 수업하기. 서울: 학지사.

27) Marquardt, M. J. (2006). *Leading with questions.* San Francisco: John Wiley & Sons, Inc.

28) 최정임, 장경원 (2010). PBL로 수업하기. 서울: 학지사.

29) Hammer, M. and Stanton, S.A. (1997), The Power of Reflection, Fortune, November 24.

30) Kotter, J. P. (1998). Winning at change. *Leader to Leader, 10*: 27－33.

31) 피터 드러커(2006), 경영의 실제. 한국경제신문사.

32) Dwayne Spradlin, The Power of Defining the Problem, Harvard Business Review, September 25, 2012

33) Rasiel, E. & Friga, P.(2001). *The McKinsey Mind: Understanding and Implementing the Problem－Solving Tools and Management Techniques of the World's Top Strategic Consulting Firm.* McGraw－Hill.

34) 이호철(2010). 맥킨지식 문제해결 로직트리. 서울: 어드북스

35) Rasiel, E. & Friga, P.(2001). *The McKinsey Mind: Understanding and Implementing the Problem－Solving Tools and Management Techniques of the World's Top Strategic Consulting Firm.* McGraw－Hill.

36) 장경원, 이은정, 배상원, 김학수(2012). 창의기초설계. 파주: 생능출판사.

37) 장경원(2011). 학습자 중심 교육에서 '블랭크 차트'의 활용전략에 대한 연구. 교육방법연구, 23(2), 299－321.

38) 장경원, 장선영, 김연경, 김주영(2019). 디자인싱킹을 적용한 교육과정 설계 및 운영 가이드라인 개발. 중앙교육연수원.

39) Knieß, M. (1995). *Kreatives Arbeiten.* München: DTV－Beck.

40) Osborn, A. F. (1963). *Applied Imagination: Principles and Procedures of Creative Problem－Solving* (2nd ed.). New York: Charles Scribner's Sons.

41) Vanden Bergh, B. G., Reid, L. N., &Schorin, G. A. (1983). How many creative alternatives to generate? *Journal of Advertising, 12*(4), 46-49.

42) Rossiter, J. R., &G. L. Lilien (1994년) "New Brainstorming Principles." *Australian Journal of Management*, 19 (1), pp.61~72.

43) 위키백과

44) 위키백과

45) Rohrbach, B. (1969). Kreativ Nach Regeln – Methode 635, Eine Neue Technik Zum Lösen Von Problemen. *Absatzwirtschaft, 12*(19), 73 – 75.

46) Schröoer, B., Kain, A. & Lindemann, U. (2010) Supporting creativity in conceptual design: Method 635 – extended. IN Marjanović., D., Š.torga, M., Pavković., N. & Bojč.etić., N. (Eds.) *11th International Design Conference DESIGN 2010.* Dubrovnik – Croatia.

47) 김병희, 아이디어발상법, 커뮤니케이션북스(2014).

48) Eberle, Bob (2008년) *Scamper: Creative Games and Activities for Imagination Development.* Waco, TX: Prufrock Press.

49) http://swprocess.egloos.com/2633713

고 수 일

한국외국어대학교를 졸업한 후, 프랑스 Paris IX-도핀대학교에서 D.E.A(박사기초학위)를 받고 Paris Ⅰ-소르본느대학교에서 인적자원관리 박사학위를 받았다. 현대경제연구원 연구위원을 거쳐 현재는 전북대학교 경영학과 교수로 재직하고 있다. 액션러닝의 러닝코치로 활동하면서 리더십과 액션러닝 교수법을 강의하고 있다. 전북대학교 최우수 수업상을 수상하였고 2012년 SBS 대학 100대 명강의로 선정되었다.

주요 저서로는 「프레임으로 이해하는 조직과 경영」, 「쉽게 이해하는 조직행동」, 「창의적 리더십」, 「프레임 리더십」, 「멀티 프레임」, 「액션러닝으로 수업하기」, 「성공적인 조직생활전략」 등이 있다.

창의적 문제해결

초판발행 2021년 4월 23일

지은이 고수일
펴낸이 안종만·안상준

편 집 김지영
기획/마케팅 이영조
표지디자인 최윤주
제 작 고철민·조영환

펴낸곳 (주) 박영사
서울특별시 금천구 가산디지털2로 53, 210호(가산동, 한라시그마밸리)
등록 1959. 3. 11. 제300-1959-1호(倫)
전 화 02)733-6771
f a x 02)736-4818
e-mail pys@pybook.co.kr
homepage www.pybook.co.kr
ISBN 979-11-303-1253-8 93320

정 가 18,000원